庫

33-611-2

老年について

キケロー著
中務哲郎訳

岩波書店

Cicero

CATO MAIOR DE SENECTUTE

44 B.C.

凡　例

一、翻訳にあたっては、

J. G. F. Powell, Cicero : Cato Maior De Senectute, Cambridge University Press, 1988.

を底本とし、その読みに従わない場合は注記した。

二、Janus Gruter 版キケロー全集（一六一八年）に始まるテクストの大まかな区分を、「章」の区分として漢数字で表し、Alexander Scot 版キケロー全集（一五八八―八九年）に由来するとされる細かい区分を、「節」の区分として本文上欄にアラビア数字で示した。「注」および「解説」において本文の箇所を指示する際には、節番号を用いる。

三、ギリシア人名はギリシア語形で、ローマ人名はラテン語形で表記した。

四、「注」および「解説」に現れる年数は、すべて紀元前のものである。

目　次

老年について

登場人物

大カトー（マルクス・ポルキウス・カトー）
　農民出身の政治家、文人、弁論家。ローマの伝統的な価値の擁護者。
小スキーピオー（プブリウス・コルネーリウス・スキーピオー・アエミリアーヌス・アーフリカーヌス・ミノル）
　卓越した武人で、ギリシア文学をも愛好する青年政治家。大カトーの長男の義兄弟。
ラエリウス（ガーイウス・ラエリウス）
　小スキーピオーの親友。「賢人」の綽名を持つ。

一五〇年、八十四歳になる大カトーの邸にて

1

一　献　辞

ティトゥス様、もし私《わたくし》が一臂《いっぴ》の力をお貸しして、今その御胸《みむね》に突き刺さり、
あなたを焼き焦がし転《まろ》ばせる心痛を軽くしてさしあげたなら、
ご褒美は何となりましょう。*

アッティクス様、*

大いなる資産はなけれど、信義に篤い彼《か》の男は、

フラーミニーヌスにこう語りかけましたが、わたしも同じ詩行を用いてあなたに語りかけることが許されましょう。もっとも、フラーミニーヌスとは違って、

ティトゥス様、あなたが夜となく昼となく、心を乱されている

わけでないことは、よく分かっています。あなたの克己心と平常心はかねてよりよく存じていますし、あなたがアテーナイから「アッティクス」という綽名《あだな》のみならず、教養と思慮をも持ち帰ったことも、了解していますから。そのあなたにしてなお、時にはこのわたしと同じく、昨今の情勢に激しく動揺することがあるのではないかと案じますが、それを慰めることは余りにも大仕事だし、別の機会に譲らねばなりません。今はただ、老年というものについていささか書き記して、あなたに献じるのがよいと思ったのです。

2

それというのも、早差《はや》し迫るというか、少なくとも近づきつつある老年という重荷は、わたしとあなたに共通のものであり、あなたもわたしもこの重荷から軽くな

りたいと願っているからに他なりません。といっても、あなたがそれをいつもながらの落ち着きと賢慮で耐えており、将来も耐えるであろうことは疑う余地がないのですが、それでも、老年について何か著したいと思った時には、われわれが二人して享けるべきこの贈物にふさわしい人物として、あなたが思い浮かびました。ともあれわたしにとっては、この書の執筆は無上の喜びで、老年の煩わしさをことごとく拭い去ってくれたばかりか、老年を優しく悦ばしいものにしてくれたほどです。それゆえ哲学というものは、それに従って生きるならば一生を煩いなしに過ごせますので、どれだけ賞賛しても十分ということはありません。

3

しかし、他の問題については既に多くを語ってきたし、これから語る機会も多いでしょうから、この書は老年をテーマにしてあなたに贈ることにしました。ただし、ケオースのアリストーン*とは違って、全篇をティートーノス*の語ったことにしなかったのは、神話には権威が欠けるからで、わたしは、この談論をいっそう権威づけるために、長老マルクス・カトー*に語らせました。場所はカトーの屋敷、彼がいともたやすく老年に耐えるのを見て、ラエリウス*とスキーピオー*が感嘆し、この二人にカトーが答える、という設定です。もしもカトーの議論が、彼の本のいつもの流儀よりも衒学的に見えるとすれば、それはギリシア文学のせいだと考えて下さい。晩年彼がそれに深く没頭したことはよく知られています。だが、これ以上何を述べる必要がありましょうか。今やカトーその人の談話が、老年についてのわたしの意見を、余すところなく説き明かしてくれるでしょうから。

二

4 **スキーピオー**　マルクス・カトー様、ここにいるガーイウス・ラエリウスもわたくしも、何事につけ人に秀れて完璧なあなたのお知恵と、とりわけ、あなたが老年を少しも苦にしておられないように感じられることに対して、日頃感嘆すること頻《しき》りなのです。大抵の老人にとっては、老年は厭《いと》わしく、エトナの火山*よりも重い荷を背負っている、とこぼさせるほどでありますのに。

カトー　スキーピオーとラエリウスよ、難しくも何ともないことを、感心してくれているようだな。幸せな善き人生を送るための手だてを何ひとつ持たぬ者にとっては、一生はどこを取っても重いが、自分で自分の中から善きものを残らず探し出す人には、自然の掟がもたらすものは、一つとして災いと見えるわけがない。何よりも老年こそ、そういった種類のものなのだ。人は皆、老齢に達することを望むくせに、それが手に入るや非を鳴らす。愚か者の常なき心、理不尽さはかくも甚だしい。

予期した以上に素早く老年は忍び寄る、と彼らは言う。まず言うが、誰が彼らにそんな謬見を抱かせたのか？　そうだろう？　幼年期に青年期が忍び寄るより、青年期に老年期が忍び寄る方が速い、などとどうして言えようか。次に、八百歳を迎えた人にとっては、八十歳の人ほど老年は重くなかろう、などとどうして言えるのか。過ぎ去った年月は、いかに長くとも流れ去った以上、いかなる慰めをもってしても愚かなる老年を和らげることはできぬであろうから。

5 それ故、二人が日頃からわしの知恵*に感嘆してくれているというのならば——その知恵がお前たちの意見とわしの名前を裏切らぬものであって欲しいものだが——それは、自然を至高の導き手として、神の如くに従い服しているという点で、わしに知恵があるのだ。自然の手で人生の他の場面が見事に脚色されているのに、最後の幕が、あたかもへぼ詩人によるかのように手抜きされる、ということはありそうにない。しかしながら、何らかの終わりが必ずやなければならない。ちょうど木の実や大地の稔りが、時を経た成熟ののちに、萎《しお》れたりぽとりと落ちたりするように。賢者はそれを従容《しょうよう》と耐えなければならない。自然に逆らうのは、ギガンテスの如く神々を相手に戦うことに他ならないではないか。*

6

ラエリウス　そうではありますが、カトー様、スキーピオーに代わって申しますが、私たちも老人になっていくでしょうし、それを望んでもいるものですから、いかなる方策をもってすれば老いの道行きを最も易く耐えることができるか、それをあなたの口からずっと早くにお教えいただければ、これに勝る喜びはないでしょう。

カトー　ラエリウスよ、お前の言うように、それが二人の喜びとなるのであれば、やってみようとも。

ラエリウス　カトー様、あなたはいわば千里の道を旅してこられ、私たちもそれに踏み出さねばなりませんので、あなたの到達された所がどのようなものか、もしご迷惑でなければ、是非見せていただきたいのです。*

三

7

カトー　できるだけやってみよう、ラエリウス。

古い諺にもあるように、* 似た者同士はややもすれば集まるものだが、わしも同年輩の集まりの席で、しばしば繰り言を耳にした。ガーイウス・サリーナートル* とかスプリウス・アルビーヌス* とか、わしとほぼ同年で執政官まで務めた男が、常日頃何ということで嘆いていたことか。曰く、快楽がなくなった、これなくしては人生は無だ、とか、いつも敬意を払ってくれていた人々から蔑《さげす》まれるようになった、とか。わしの見るところ、この連中は責めるところを間違っておった。もしもそういったことが老年の所為《せい》で起こるのなら、同じことがわしにも、他の全ての年寄りにも起こるはずであろうが。ところがわしは、不平のない老年を送る人を沢山知っている。そういう人は欲望の鎖から解き放たれたことを喜びとし、身内の者から軽蔑されることもないのだ。全てその類の不平は、性格の所為であって年齢の所為ではない。節度があり気むずかしさや不人情とは無縁の老人は耐えやすい老年を送るが、苛酷さと不人情は、どの年代にあっても煩わしいものなのだ。

8 **ラエリウス**　カトー様、おっしゃるとおりです。が、このように言う人があるかも知れません。富と財産、それに声望のお蔭であなたには老年も耐えやすいものに見えるけれども、多くの人にとってはそのようなことはありえないのだ、と。

カトー　ラエリウスよ、お前の言うところにも一理ある。しかし、決してそれで全てではない。伝えられるように、テミストクレース*はセリポス島*出身の男と口論して、自分のでなく祖国の栄光のお蔭で名声を得ているだけだと言われた時、「確かに。もし俺がセリポス人なら、名を挙げることはなかったろうが、お前がたとえアテーナイ人でも、名を挙げるのは無理だったろう」と答えたという。老年についてもこれと同じことが言える。極度の欠乏の中では賢者にさえ老年は軽くはありえぬが、愚者にとっては、山ほど財産があっても、老年は重いのだ。

9 スキーピオーとラエリウスよ、老年を守るに最もふさわしい武器は、諸々の徳を身につけ実践することだ。生涯にわたって徳が涵養されたなら、長く深く生きた暁に、驚くべき果実をもたらしてくれる。徳は、その人の末期《まつご》においてさえ、その人を捨て去ることはないばかりか――それが徳の最も重要な意義ではある――人生を善く生きたという意識と、多くのことを徳をもって行ったという思い出ほど喜ばしいことはないのだから。

四

10　クイントゥス・マクシムス*といえばタレントゥムを奪回した方だが、この老将を若年のわしはまるで同年輩のように敬愛したものだ。この方には温厚さを加味した威厳が備わり、老年がその性格を変えてもいなかったからだ。もっとも、わしが慕い始めた頃のあの方は、甚だ高齢というのではなけれど、既にかなりのお歳ではあった。即ち、わしが生まれた次の年に、あの方は初めて執政官となった。四度目の執政官職にあるあの方と共に、若年兵のわしはカプア方面*へ、さらに五年後にはタレントゥム方面へ従軍したのだ。それから四年経ってわしは財務官になり、トゥディターヌス、ケテーグス両執政官の下で*その官職を務めたが、ちょうどその時、あの方は甚だ高齢の身で、贈物と弁護士料に関するキンキウス法*の支持者となったのだ。相当な年でありながら青年の如く戦ったし、血気盛んに跳ねまわるハンニバルを、その忍耐力で骨抜きにもした*。この方のことを、わが友エンニウス*が見事に歌っている。

ただ一人、遷延の策により、われらが祖国を建て直す。
世評より、国の安危を憂えた男、かくして、
今、遅ればせながら、その栄光が世に顕る。

11

何という用心深さ、何という知略でタレントゥムを奪回されたことか！　この時、わしも聞いている所でこんなことがあった。サリーナートル*といえば、タレントゥムが敵の手に渡った時、城砦の中にいた人物だが、この男が自慢げに、「クイントゥス・ファビウスよ、君はわたしのお蔭でタレントゥムを奪回したのだよ」と言ったところ、ファビウスは笑いながら、

「いかにも。お前が町を失ってくれなかったら、わたしが取り戻すこともなかったろうから」と答えたのだ。

しかもあの方は、戦時に劣らず平時においてもすごかった。二度目の執政官の時のことだ。ガッリア人を追い出して獲得したピーケーヌム地方の土地を、護民官ガーイウス・フラーミニウス*が元老院の見解に反して人民に分配しようとするのに、同僚のスプリウス・カルウィーリウス*が動かないので、あの方は力の限り抵抗したのだ。また別の時には、鳥卜官であったにもかかわらず、国家の安全のためになされることが最善の前兆に適う、国家に背いて行われることは前兆に背いている、と言って憚らなかったのだ。

12

あの方の素晴らしいところは沢山知っているが、何よりも驚嘆すべきは、執政官も務めた立派な子息の死をいかに耐えられたか、ということだ。追悼演説が世に知られているが、それを読めば、いかなる哲学者を軽蔑せずに済もうか。さらにあの方は、公の席、市民の目の前で偉大であっただけではない。私人としても家庭において更に見事であった。何という談話、何という教訓、古代に関する何と夥しい知識、そして、鳥卜法の熟知！ その上、ローマ人にしては豊かな文学の素養があった。国内に限らず外国のことまで、あらゆることを記憶にとどめておられた。この人が世を去れば、教えを受くべき人は誰もいなくなる、*と早《はや》予感でもしたかのように——事実そのとおりになったのだが——わしは貪るようにあの方の談話を楽しんだものだ。

五

13 それでは、マクシムスについてこんなに多くを語ったのは何のためか？ もちろん、これほどの老年が惨めであった、などと言うのがけしからぬことを、二人に知ってもらうためだ。もっとも、皆が皆スキーピオー*のような、あるいはマクシムスのような人物となって、都市を攻め落としたこと、陸に海に戦ったこと、戦争を指揮したこと、凱旋したこと、などの思い出にひたれるわけではない。しかしまた、静謐《せいひつ》で穏やかな老年は、静かに清らかに優雅に送った人生からも得られるのだ。聞くところによると、プラトーン*の老年がそのようなものであった。彼は八十一歳の時、書きながら死んだ。イソクラテース*の老年もそうだ。彼は『パナテーナイア祭演説』と題する作品を九十四歳で書いたと言っているが、その後更に五年生きた。その師、レオンティーノイのゴルギアース*は満百七歳を過ぎて、しかも研究でも仕事でも片時も怠ることがなかった。彼は、何故にかくも長く生きたいのか、と尋ねられて、

「老年を咎めるべき謂《いわれ》を持たぬ故に」と答えた。いかにも学者らしい見事な返答ではないか。

14

愚か者は己れの欠点や咎を老年の所為《せい》にするものだ。先ほど言及したエンニウスは、そんなことはしなかった。

しばしばオリュンピア競技祭にて、最後の一周で勝利を勝ち得た
駿馬のように、今は老いに疲れ果て、安らっている。*

ここでエンニウスは、優勝した駿馬の老年に自らの老年を重ねている。彼のことは

お前たちもよく覚えているはずだ。ティトゥス・フラーミニーヌス*とマーニウス・アキーリウスが現在の執政官になったのは、彼の死後十九年目のことでしかないのだから。彼が死んだのはカエピオーと二度目のピリップスが執政官の年*、この時わしは六十五歳で、強き肺腑で声を大にしてウォコーニウス法*を支持したものだ。彼の方は齢七十にして——エンニウスはそこまで生きたのだが——最大の重荷と見なされる二つのもの、貧乏と老年を、ほとんど楽しんでいると見えるほどよく耐えていたのだ。

六

15　さて、わしの理解するところ、老年が惨めなものと思われる理由は四つ見出される。第一に、老年は公の活動から遠ざけるから。第二に、老年は肉体を弱くするから。第三に、老年はほとんど全ての快楽を奪い去るから。第四に、老年は死から遠く離れていないから。もしよければ、これらの理由の一つ一つがどの程度、またどのような意味で正当かを、検討してみようではないか。

老年は公の活動から引き離すということ。どのような活動から、というのだ？　若さと活力でなされる活動からか？　それならば、肉体は弱っていても精神で果たされるような、老人向きの仕事はないというのか？　クイントゥス・マクシムス*は何の働きもしなかった、ということになるのか？　お前の父君で、世にも秀れたわが息子*の岳父でもあるルーキウス・パウルス*は、何の働きもしなかったということになるのか？　他にも、ファブリキウス*やクリウス*やコルンカーニウス*といった老人たちは、思慮と権威で国家を守る時、何の働きもしなかったということになるのか？

16

アッピウス・クラウディウス*の老年には失明という事態さえ加わったのに、元老院の意向がピュッロス王*との和平と条約締結に傾いた時には、彼は決然としてこう言い放った。それをエンニウスが詩に作っている。

これまでは真っ直ぐに立っていたお前たちの心、
それが正念をなくして、一体どこへ曲がっていったのか……*

云々と、実に荘重なものだ。この詩はお前たちにもよく知られているが、そうでなくても、アッピウス自身の演説が残っている。しかも彼は、二度目の執政官職の十七年後にそれを行ったのであるが、両度の執政官在職の間には十年が介在しているし、最初の執政官職の前に監察官にもなっていることからして、ピュッロス戦役の時には、確かに彼が高齢であったと理解できるのである。ともあれ、父祖からもそのように聞き及んでいる。

17

それ故、老人は公の活動に与《あずか》っていないと言う者はまともな議論をしていない。それはちょうど、船を動かすにあたり、ある者はマストに登り、ある者は甲板を駆けまわり、ある者は淦《あか》を汲み出しているのに、船尾で舵を握りじっと坐っている舵取りは何もしていない、と言うようなものである。確かに若者のするようなことはしていない。しかし、はるかに大きくて重要なことをしているのだ。肉体の力とか速さ、機敏さではなく、思慮・権威・見識で大事業はなしとげられる。老年はそれらを奪い取られないばかりか、いっそう増進するものなのである。

18 兵士として、軍団副官として、幕僚として、最高指揮官として、さまざまな戦争に従事してきたこのわしが、今戦っていないからといって、お前たちの目に怠けているように見えることは、万一にもあるまい。いや、わしは、何をどのような仕方で行うべきかを元老院に指図しているぞ。悪事を企んで早久《はや》しいカルターゴーに対しては、ずっと以前から主戦論を唱えている。その国の殲滅を見届けるまでは、恐れることをやめぬであろう。

19 その国を滅ぼす栄誉は、スキーピオーよ、不死なる神々がお前のために取りのけておかれんことを！　お前が祖父の遺業をなしとげるためにな。*祖父殿が世を去って今年で三十三年、しかしその記憶は年々歳々受け継がれていくであろう。彼が逝ったのはわしが監察官になった前の年、わしが執政官になって九年後だが、わしが執政官職にある年に、彼は二度目の執政官に指名された。ということで、もし彼が百歳まで生きていたとしても、己れの老年に不満を覚えたであろうか。彼ならば、脚力や跳躍力、離れては槍、組んでは剣に頼るのではなく、思慮と理性と見識を用いることであろう。もしも老人《セネース》にそれらのものが備わっていないのなら、われらが先祖も国の最高機関を元老院《セナートゥス》と名づけはしなかったであろう。

20

スパルタにおいても最も名誉ある公職に就く人々は、事実そのままに元老《ゲロンテス》と呼ばれる。もしお前たちが外国の例を読むなり聞くなりしたいなら、いとも強大な国が若者のために揺るがされ、老人の手で支えられ建て直されたのを見出すであろう。

言っておくれ、これほどの祖国をこんなに速く失ったわけを。

詩人ナエウィウス*の『ルードゥス』の中でこんな問いが発せられるが、答えがいろいろ出る中で、次のは出色である。

新登場の弁論家、愚かな若造どもがしゃしゃり出たから。

無謀は若い盛りの、深謀は老いゆく世代の、持ち前というわけだ。

七

21 しかし記憶力は衰える、と言うか。その鍛錬を怠った場合、あるいは性魯《ろ》鈍《どん》である場合は確かにそうだ。テミストクレースは全市民の名前を覚えていた。*でも、彼が齢を重ねた後には、アリスティデース*にリューシマコスと呼びかけてばかりいた、などと思うかね？　かく言うわしも、今世《いま》にある人たちばかりでなく、その父や祖父までも知っているぞ。墓碑銘を読めば記憶を失うと人は言うが、そんなことも怖れない。むしろそれを読むことによって故人を思い出すのだ。年寄りが宝物をどこに隠したか忘れてしまった、というような話も聞いたことがない。出頭の約束、誰に貸したか、誰から借りたか等、気になることは何でも覚えているものなのだ。

22 老人の法律家はどうだ？　神祇官や鳥卜官や哲学者は？　彼らは歳をとっても何と多くのことを覚えていることか。熱意と勤勉が持続しさえすれば、老人にも知力はとどまる。世に聞こえた高官のみならず、野《や》にあってひっそりと暮らしている人の場合でもそうだ。ソポクレース*は非常な高齢に至って悲劇を作った。それに熱中するあまり、家政を疎かにするように見えたので、息子たちが彼を呆け老人として家政から引き離してもらおうとした。われわれの習慣で、ちゃんと家の管理ができない父親は禁治産者宣告を受けることになっているが、それと同じだ。ところが、その時老詩人は、最近書き終えたばかりで未提出であった作品、『コローノスのオイディプース』を裁判官に向かって朗読し、この詩が呆け老人の作と見えるか、と尋ねたという。この朗読の結果、裁判官の判決によって彼は放免されたのだ。

23

こういうわけだから、この人が、そしてまたホメーロス*やヘーシオドス*が、シモーニデース*、ステーシコロス*が、先ほど述べたイソクラテースやゴルギアースが、あるいは哲学者のピュータゴラース*やデーモクリトスが、プラトーンが、クセノクラテースが、下ってはゼーノーン、クレアンテースが、あるいはお前たちもローマで見たストア派のディオゲネース*が、それぞれに勤《いそ》しむ中で、老年のために沈黙を余儀なくされたであろうか。それとも、これら全ての人にあっては、孜々《しし》とした営みが寿命のある限り続いたのではなかったかね。

24

まあ、こういった神来の営みは脇に置くとして、サビーニー地方*の田夫であるローマ人を挙げることもできる。わしの親しい隣人だが、彼らがいなければ、種蒔きにしろ、作物の取り入れにしろ、貯蔵にしろ、大切な農作業はほとんど何ひとつなされないのだ。もっとも、もう一年生きることができると思わぬほどの年寄りは誰もいないのだから、一年で結果の出る仕事の場合には、さして驚くにあたらない。しかし、この人たちは、自分にはまったく関係のないことが分かっていることにせっせと励んでいるのである。

25

次の世代に役立つようにと木を植える

まことに、農夫なら、どれほど年老いていようが、誰のために植えるのか、と尋ねられたら、ためらわずこう答えるであろう、

と、わが同胞スターティウス*が『若い仲間』で述べているように。

「不死なる神々のために。神々は、私がこれを先祖から受け継ぐのみならず、後の世に送り渡すようにとも望まれた」。

八

カエキリウスが「次代のために」備えをする老人のことを語ったのは、彼の次の詩行よりずっと良かった。

まことに老年よ、お前はやって来る時、他には何ひとつ
災いをもたらさぬとしても、このことだけで十分だ、
命長ければ、望まぬものを沢山見る、ということだけで。*

しかし、おそらく望ましいものも沢山見るのだ。さらに言えば、望まぬものにしばしば行き当たるのは、青年だって同じだ。カエキリウスの次の詩に至っては、さらにひどいな。

それから老年期にあって、これほど情ないことはないと思うのは、

26

老齢のわが身が若い世代に嫌われると感じること。*

嫌われる、のではなく喜ばれるのだよ。それが証拠に、賢者は老人になっても稟《ひん》性《せい》豊かな青年に楽しみを見出すし、若者から敬い愛される人たちの老年は軽くなるものだが、同じように、青年たちも徳への専心へと導いてくれる老人の教訓を喜ぶのだ。わしがお前たちを喜ぶのに劣らず、わしもお前たちに喜ばれている、とも理解しているぞ。

しかし、老年が懶惰《らんだ》でも不活発でもないばかりか、活動的で、常に何か――それまでの人生における各人の熱心さに応じた何か――を行い努めるものであることは、二人も見てのとおりだ。それどころか、何かを学び加えていく人はどうだ。たとえば、自慢げな詩を残しているソローン。* 彼は自分が「毎日何かを学び加えつつ老いていく」と語っている。わしもそうだ、歳をとってからギリシアの文学を学んだ。それを、まるで積年の渇きを癒さんとするが如く、貪るように学びとったので、今お前たちの目の前で範例として引いているまさにこの諸知識が、わしのものになったのだ。ソークラテース*はそれを竪琴に関して行ったと聞いているので、わしもあやかりたいものだ。古人は竪琴を学んだものだが、わしは少なくとも文学の方面で頑張ったぞ。

九

27 さて、体力ということについても——これが老年の持つ欠点の第二の論点だったな——今、青年の体力が欲しいなどと思わないのは、ちょうど、若い時に牛や象の力が欲しいと思わなかったのと同じだ。在るものを使う、そして何をするにしても体力に応じて行うのがよいのだ。だから、クロトーンのミローン*の言い種ほど見下げ果てたものがあろうか。この男は、既に年寄ってからのことだが、運動場で選手たちが鍛錬しているのを見て、己れの腕をまじまじと見つめ、涙を流しながら、「ああ、俺の腕は早《はや》死んでいる」と言ったそうな。愚か者め、腕というよりお前自身が死んでいるのだ。お前が名を挙げたのは、お前という人間によってではなく、お前の肺臓と腕によってなのだぞ。セクストゥス・アエリウス*は何ひとつそのような愚痴はこぼさなかった。それよりずっと前のティベリウス・コルンカーニウスも、近くはプブリウス・クラッスス*もそうだ。これは市民のために法律を教え示してくれた人たちであり、彼らの法知識は息を引きとる間際まで押し進められたのだ。

28 弁論家については、老年に及んで衰えるのではないかと思っている。それは、弁論家の働きがただ単に知力のみならず、肺と体力にもよるからである。確かに、朗々たる声の響きといったものは、どういうわけか老年になって輝き出る。わしもそれを今に至るも失っていないし、わしの年齢はお前たちが見るとおりだ。しかしながら、老人には静かで気負いのない話しぶりがふさわしいし、雄弁な老人の整然とした穏やかな演説はそれだけで傾聴を勝ちとるものだ。たとえ自分でそれができなくても、お前たちのような若者に教えてやれる。若者の熱意に取り囲まれた老年ほど喜ばしいものがあろうか。

29 そもそもわしらは、青年を教え諭し、義務に属するあらゆる奉仕へと訓育してやれるだけの体力を、老年まで温存しておくのではないか。その仕事にもまして晴れがましいものがあろうか。まことにわしには、スキーピオー家のグナエウス*もプブリウス*も、お前の二人の祖父になるルーキウス・アエミリウス*もプブリウス・アーフリカーヌス*も、高貴な若者に囲まれて幸せに見えたものだ。いや、教養を授ける師は誰も、体力がいかに老い衰えたとしても、不幸せと見なされてはならない。もっとも、そのような体力の衰えは、老年期のというより、青年期の悪習の結果であることの方が多い。放蕩無頼の節度なき青年期は、弱りきった肉体を老年期へと送り渡すものだから。

30

クセノポーン*の作品中のキューロス*などは、非常な高齢で死を前にして話をするところで、自分の老年が青年時代よりも弱々しいものになったと感じたことは一度もない、と言っている。ルーキウス・メテッルス*のことは子供心にも覚えているが、この人は二度目の執政官職の四年後に大神祇官に任ぜられ、二十二年間その聖職を主宰したが、今わの際《きわ》になお見事な体力を保持して、青年時代を愛惜することはなかった。わし自身のことを語る必要はまったくない。それはともかくすれば老人のしがちなことだし、この年齢には許されることなのだが。

一〇

31 ホメーロスの詩の中でネストール*が再三にわたり自慢話をするのは知っていよう。何しろ彼は、既に人間の三世代を閲《けみ》しており、自分のことで真実を語っても、余りにも場違いだとか饒舌が過ぎると思われないかと心配しなくてもよかった。それは、ホメーロスの言う如く、「その舌からは蜜よりも甘い言葉が流れ出た*」からであるが、その甘美さのためには何ら肉体の力を必要とはしなかった。しかもなお、彼《か》のギリシア軍の総大将は、アイアース並みの勇士が十人欲しいとはどこにも言っていないのに、十人のネストールを望んでいる。*もしもそうなれば、すぐにもトロイアが滅びることを疑っていなかったのだ。

32 さて、わしの話に戻ると、わしは今八十四歳になる。キューロス大王と同じことが自慢できたらよいのだが、少なくともこうは言える。わしは一兵卒としてポエニー戦争に、また同じ戦争に財務官として従ったし、あるいは執政官としてヒスパーニアにあり、*あるいはその四年後、マーニウス・アキーリウス・グラブリオーが執政官の年に軍団副官としてテルモピュライで戦ったが*、確かにそういった時のような体力は今のわしにはないとはいえ、お前たちも見るとおり、老年がすっかりわしを腑抜けにしたわけでも、打ち拉《ひし》いだわけでもない。元老院はわしの体力をあてにしているのではない。演壇も友も庇護民も客人も同様だ。「もし永く老人でいたいなら早く老人になれ」という古くからよく引かれる諺があるが、わしはあんなのに同意したことはないぞ。わしならば、まだきに老人になるよりは、むしろより短く老人であることを望みたいところだ。だからこれまでわしは、誰か面会を求めて来た者にも、会う暇がないと断ったことがないのだ。

33 わしの体力はお前たちのどちらにも劣るが、お前たちだって百人隊長ティトゥス・ポンティウス*の体力は持っていない。だからといって彼の方が偉いかね。体力の適度の使い方さえあれば、そして各人ができるだけのところで努めるならば、体力を欲しがりすぎることはあるまい。ミローンは肩に雄牛を担《かつ》いでオリュンピアの競走路*を歩きとおしたと言われるが、さりとてそんな肉体の力か、ピュータゴラースの知性の力か、どちらを授けられたいと思うかね。要するに、お前たちの言う善

34

きものを、有る間は使えばよいが、無い時には求めないことだ。青年は幼年期を、中年者は青年期を愛惜するのが必然だ、というのなら話は別だが。

人生の行程は定まっている。自然の道は一本で、しかも折り返しがない。そして人生の各部分にはそれぞれその時にふさわしい性質が与えられている。少年のひ弱さ、若者の覇気、早安定期《はや》にある者の重厚さ、老年期の円熟、いずれもその時に取り入れなければならない自然の恵みのようなものを持っているのだ。

スキーピオーよ、祖父殿の客人であるマシニッサ*は今卒寿であるが、その行動は聞き及んでいよう。彼は徒歩で道を行く時には決して馬に乗らず、馬で行く時には馬から下りることはない。どんなに雨が降ろうが冷え込もうが、頑として帽子を被《かぶ》らない。その体内は極度に乾燥している。* こうして王としての義務や責務を余すところなく果たしている、ということをだ。したがって鍛錬と節制があれば、老いてなお往時の頑健さを何がしか保つことができるのだ。

二

35

老年には体力が欠けているか？　いや、老年に体力は要求もされない。だからわしらの年輩は法律と制度によって、体力なしでは支えきれない義務からは免れているし、できないことはもとより、できるほどのことでも強制はされないのだ。

ただ、職務はおろか、日常生活の義務も果たせないほど弱い老人も多いが、しかしそれは何も老人に特有の欠点ではなく、病弱に共通のものだ。プブリウス・アーフリカーヌスの息子、お前を養子にしたあの男は何と弱かったことか。か細い健康、というよりむしろ健康が絶無であった。もしもあのようでなかったなら、第二の国の光ともなっていたであろう。*父親の気高い心に加えて、いっそう豊かな学識が彼にはあったのだから。それ故、時にひ弱な老人がいたとしても、それは青年でさえ逃れられぬことであってみれば、どうして驚くにあたろうか。ラエリウスとスキーピオーよ、老年には立ち向かわねばならぬ。その欠点はたゆまず補わねばならぬ。病いに対する如く老いと戦わねばならぬ。

36 健康に配慮すべきである。ほどよい運動を行い、飲食は体力を圧し潰すほどではなく、体力が回復されるだけを摂るべきである。また、肉体だけでなく、精神と心をいっそう労《いたわ》らねばならぬ。この二つもまた、ランプに油を注《つ》ぎ足すようにしてやらないと、老いと共に消えていくからだ。肉体は鍛錬して疲れが昂ずると重くなるが、心は鍛えるほどに軽くなるのだ。カエキリウスの劇で、

喜劇に出てくる愚かな年寄り

とあるのは、騙《だま》されやすく忘れっぽくだらしない連中のことをいうのだが、それらの欠点は老年のものではなく、怠惰で物ぐさで寝《い》ぎたない老年のもの、というわけだ。生意気とか欲望は老人よりもむしろ青年のものではあるが、しかし全ての青年のものではなく、たちの悪い青年のものであるのと同じで、一般に耄碌と呼ばれるあの老人特有の愚かさも、軽薄な老人のものではあるが、全ての老人のものではないのだ。

37 四人の頑健な息子、五人の娘、あれほどの大家族、あれほどの庇護民を、アッピウスは老いて盲目であったにもかかわらず統率していた。あたかも弓の如く張りつめた心を保ち、だらしなく老年に屈服することはなかったのだな。家族に対しては、影響力どころか絶対命令権を保持していた。奴隷たちは怖れ、子供たちは敬い、皆が親愛していた。彼の家では先祖の遺風と規律がしっかりと生きていた。

38 われとわが身を守り、己れの権利を保ち、誰にも隷属せず、息を引きとる瞬間まで一族を統べ治めてこそ、老年は尊敬に値する。わしなどはどこか老人ぽいところのある青年が好きだから、同様にどこか青年ぽいところのある老人を良しとするのだ*。それを理想とする者は、よし肉体は老いるとも心は決して老いることはあるまい。

わしは今、『起源』*の第七巻を準備している。古代に関する全記録を集めているし、名高い訴訟でわしが行った弁論に、今頃になって最後の仕上げを施しているし、鳥卜官や神祇官や市民生活に関する法について調査している。ギリシア文学にも打ち込んでいるし、記憶力の訓練のためにピュータゴラース派のやり方にならって、昼間話したり聞いたり行ったりしたことを、夕べに思い出したりもしているぞ。*これは知力の鍛錬であり精神の練磨なのである。こういうことに汗を流し苦労する段には、体力などさほど欲しいとも思わぬのだ。

わしは友人のために法廷にも立つし、元老院にもよく出かける。どちらの場合も、慎重に時間をかけて考えた提言をして、肉体の力ではなく心の力でそれを守りとおすのだ。こういったことをもしやり遂げられないとしても、寝椅子に横になり、もはや出来ぬ事柄を頭で考える楽しみがあろう。わしの経てきた人生がこのことを可能にするのだがな。常にこのような刻苦精励の中に生きる者には、いつ老年が忍び寄るかも気づかれない。こうして人生は知らぬ間に少しずつ老いていく。突如壊れるのではなく、長い時間をかけて消え去っていくのである。

一二

39 次は老年に対する三番目の非難、老年には快楽がないとする俗説だ。青年時代の悪徳の最たるものであった、まさにそのものをわれわれから取り去ってくれるとは、歳をとることの何と素晴らしい賜物ではないか。世にも秀れた若い二人よ、タレントゥムのアルキュータース*といえば実に偉大で素晴らしい人物だが、まあこの人物の古い談話を聞くがいい。弱年のわしがクイントゥス・マクシムスと共にタレントゥムにあった時に仕入れた話だが、彼は常々こう言っていた――

40
　自然が人間に与える病毒で肉体の快楽以上に致命的なものはない。この快楽を
手に入れるために、飽くことを知らぬ意馬心猿の欲望がかきたてられるからであ
る。祖国への裏切り、国家の転覆、敵との密談、皆ここから生まれる。要するに、
快楽への欲望に急《せ》かされて手を染めずに済む罪や悪行はないのだ。まことに、淫
行や姦通や全てこの類の不品行は、他ならぬ快楽の誘惑によって焚きつけられる。
41 人間にはまた、自然からというか神様からというか、精神にもまして素晴らしい
ものは授けられていないのだが、この天来の賜物にとっては快楽ほど有害なもの
はない。というのは、欲望が支配するところでは自制の出る幕がなく、快楽の王
国では徳の立場がまったくないからである。そのことがもっとよく分かるように、

味わえる限りの肉体の快楽に衝き動かされている人間を想像してみるがよい。そんな喜びにひたっている限り、何ひとつ精神を働かせることはできぬし、何ひとつ理性や思索で達成することはできぬ、ということは誰の目にも明らかだと思う。それ故、快楽がますます大きくなりますます長期化するままに、魂の光をすっかり消してしまうならば、快楽ほど忌まわしく害毒のあるものはないのだ、と。

この話をアルキュータースは、カウディウムの戦*でスプリウス・ポストゥミウスとティトゥス・ウェトゥリウスの両執政官を破った人物の父になる、サムニウム人ガーイウス・ポンティウス*相手に語った、とネアルコスが言っていた。ネアルコスはわしと賓客関係にあるタレントゥム人で、ローマ国民の渝《かわ》らぬ友であったが、先人からこのことを聞いたということだ。しかも、この時のこの談話にはアテーナイ人プラトーンが加わっていたという。ルーキウス・カミッルスとアッピウス・クラウディウスが執政官の年*にプラトーンがタレントゥムを訪れていることを、わしは調べて見つけている。

42 何のためにこの話をしたのか？　理性と知恵で快楽を斥けることができぬ以上、してはならぬことが好きにならぬようにしてくれる老年というものに大いに感謝しなければならぬ、ということをお前たちに理解させるためだ。快楽は熟慮を妨げ、理性に背き、いわば精神の眼《まなこ》に目隠しをして、徳と相渉ることは毫もないからな。

わしは不本意ながら無双の勇士ティトゥス・フラーミニーヌスの弟、ルーキウス・フラーミニーヌス*を元老院から追放してやった。奴が執政官であった時より七年後のことだ。あの情欲は譴責に値すると考えた。というのも、彼は執政官としてガッリアにあった時、宴会の席で娼婦にせがまれるまま、死罪に問われて鎖につながれている男を一人、斧で刎《くびは》ねたのだ*。兄のティトゥスがわしの直前の監察官の任にある間は彼は責めを免れていたが、これほどの凶悪無慚な情欲は、わしにもフラックス*にもとうてい是認できるところではなかった。それは個人への醜行と命令権への侮辱を併せ持つものであったのだから。

一三

43　わしが先人たちからしばしば聞かされ、先人たちもまた子供の頃に老人から聞いたという話がある。ガーイウス・ファブリキウスは使節としてピュッロス王の陣に赴いた時、*テッサリアの人キーネアース*から、アテーナイには自分を賢者と名のる人物がいて、*われわれの行為は全て快楽を基準にして判断されなければならぬと説いている、と聞かされて、いつも驚いていた。その話をファブリキウスから聞いたマーニウス・クリウスとティベリウス・コルンカーニウスは、サムニウム人やピュッロス王*その人がこの説を信奉して、快楽に身をゆだねていっそう打ち破りやすい敵になってくれればよい、と常々望んでいたという話だ。

マーニウス・クリウスはプブリウス・デキウス*に親炙《しんしゃ》していたが、これはクリウスが執政官になる五年前、自らは四度目の執政官職にある時に、祖国のために一身を捧げた人物だ。ファブリキウスもコルンカーニウスもこの人物を知っていた。彼らは自分たちの人生から、そしてまたこのデキウスの行いから、こう判断したのだ――それ自体として求められるような、そしてまた、秀れた人なら誰しも、快楽など斥け軽蔑して追求するような、本質的に美しく素晴らしい何かが確かに存在するのだ、と。

44 さて、快楽について何のためにこんなに多くのことを語ったのか。それは、快楽をそれほど欲しがらないというのは、老年への非難でないばかりか、最高の褒め言葉であるからだ。老年は宴会や山盛りの食卓や盃責めとは無縁だが、だからこそ酩酊や消化不良や不眠とも無縁なのだ。しかし、快楽にも少しばかり譲歩しなければならぬとすれば——というのは、人間がまるで魚のようにそれで釣られてしまうところから、いみじくもプラトーンが快楽を「悪への餌」と呼んだとおり*、快楽の魅力に抗するのは難しいからだが——老年は破目をはずした宴会には縁がなくとも、節度ある酒席を楽しむことはできるのだ。

マルクスの子ガーイウス・ドゥイーリウス*は初めて艦隊でフェニキア軍を打ち破った人物だが、晩年の彼が食事から戻るところを子供の頃によく見かけた。蠟の松《たい》明《まつ》と笛吹きを先触れにするのが楽しみで、無官の身でそんなことをするのは先例がなかったが、彼の栄光がそれほどの特権を許したのだ。

45 しかし、なぜ他人《ひと》の話をするのか。わし自身のことに戻ろう。まず、わしには常に講仲間がいた。わしが財務官の時、イーダ山の大母神の祭を請来《しょうらい》するにあたり講社が組織されたので、*講仲間と宴会をしたわけだが、もちろん節度ある宴ではあるが年齢相応の熱気のようなものはあった。ただ年が進むにつれて、万事が日に日に穏やかになっていくのだ。わしはまたこういった饗宴の喜びを計るに際しては、肉体的な快楽より友との交わりや会話を基準とした。友人同士が横臥して宴を楽しむことをわが先祖がコンウィウィウム(生を共にする)と名づけたのは、そこに生《ウィータ》の結びつきを見たからであるが、これはギリシア人の呼び方より勝っている。彼らは同じものをコンポーターティオー(共に飲むこと)とかコンケーナーティオー(共に食べること)*とか呼んでいるところを見ると、宴会にまつわる一番重要でないことに最大の価値を認めているようだな。

一四

46 実際わしは、会話の楽しみがあればこそ長丁場の饗宴でも楽しむのだ。めっきり少なくなってしまった同年輩だけでなく、お前たちの年代やお前たちとも一緒にな。

だから、会話への意欲を増す反面、飲食への意欲を取り去ってくれた老年には大いに感謝している。しかしもし、そういったものを喜ぶ人もいるというなら――おそらくある程度は自然なものと言える快楽に、全面的に宣戦布告したと思われないように言うのだが――老年もその種の快楽にまったく無感覚だとは思わない。かく言うわしも、先祖が始めた宴会の司会者の制度、先祖の流儀で盃に合わせ左端の席から進んでいくスピーチ*、クセノポーンの『饗宴』にあるような小ぶりでとくとくと注がれる盃*、夏のワイン冷やし器、逆に冬の太陽や暖炉、みな好きだ。こういったことはサビーニーの田舎に居る時もいつもやっている。隣人との酒席も設けて、できる限り多彩な会話で深夜まで会を引き延ばしているのだ。

47

しかし、老人の場合、快楽の疼《うず》きとでもいうようなものはそれほど大きくない、と言うか。そのとおりではあるが、そんなものは欲しがられもしない。人が欲しがらないものは人を苦しめることもない。既に老衰期にあるソポクレースが、色事の方はしているかと尋ねられ、

「桑原桑原、粗野で狂暴な主人から逃れるように、まさにそれから逃れて喜んで

いるところだ」と言ったのは良い答えであった。* そのようなものを熱望する人には、それが無いのはおそらくいまいましく苦痛であろうが、飽きるほど満ち足りた人には、味わうより無い方が快いのだから。もっとも、望まぬ者には欠如もないわけだから、欲しいとも思わぬこと、これこそが快いとわしは言うのだ。

48

しかしもし、青年はまさにそのような快楽を味わう方が嬉しいのだというなら、既に述べたように、* 彼らが味わっているのは、まず実に下らぬものだということ、さらに、老人たちもふんだんには持たぬものの完全に欠いているわけではないものだ、ということである。劇場の最前列で見る者はアンビウィウス・トゥルピオー* をよりよく楽しむが、最後列の者だって楽しむ。同様に、青年期は快楽を間近に見つめるのでおそらく喜びも大きいが、老年だってそれを遠くに眺めつつ、十分なだけ楽しむのだ。

49

しかし老年にとって、いわば肉欲や野望や争いや敵意やあらゆる欲望への服役期間が満了して、心が自足している、いわゆる心が自分自身と共に生きる、というのは何と価値あることか。まことに、研究や学問という糧のようなものが幾らかでもあれば、暇のある老年ほど喜ばしいものはないのだ。* スキーピオーよ、お前の父の親友であったガーイウス・ガルス*が天と地を測ることに熱中するのを、わしらはよく見たものだ。* 夜中に何かの図表を描き始めた彼を、何度朝の光が驚かせたことか。朝に始めた場合には、何度夜が驚かせたことか。太陽と月の蝕をずいぶん前にわしらに予言することが、彼にはどれほど楽しかったことか。

50

より軽易な、しかし鋭い感覚を要する営みの場合はどうか。ナエウィウスは自分の『ポエニー戦争』を、プラウトゥス*は『トルクレントゥス』を、『プセウドルス』を、何と楽しげに作ったことか。わしはまた老いたるリーウィウス*をも見ている。彼はわしが生まれる六年前、ケントーとトゥディターヌスが執政官の年*に芝居を上演した後、わしの青年時代まで齢を重ねたのだ。

プブリウス・リキニウス・クラッススの神祇官法や市民法の研究については何を語る必要があろうか。あるいは、つい先日大神祇官に選ばれた現在のプブリウス・スキーピオー*の研究については何を？　つまりわしが名を挙げた人たちは皆、老いてなおそれぞれの研究に情熱を燃やすのをわしらは見てきたのだ。エンニウスがいみじくも「説得の精髄」と呼んだマルクス・ケテーグス*の場合は、老体ながら弁論術の鍛錬にどれほど熱心であったか、わしらは常々見たものだ。したがって、宴会や遊戯や娼婦のどんな快楽が彼らの快楽と比べられようか。さらに言えば、*この快楽は、思慮深くきちんとした教育を受けた人にあっては年齢《とし》と共に育っていくので、先にも述べたが、ソローンがある詩で語った例の言葉、「自分は日々多くを学び加えつつ老いていく」というのは見上げたものである。このような心の快楽にもまして大きな快楽は決してありえないのである。

一五

51 今度は農夫たちの快楽に移ろう。それは信じられないくらいわしには楽しいもので、いかなる老年によっても妨げられぬし、賢者の生き方にさも近いとわしには思われるものなのだ。それは農夫が大地と取り引きをしているからで、大地は決して出費を拒まないし、受けとったものを利息なしで返すことも絶えてない。小さい場合もままあるが、大抵は大きな利子をつけて返してくれるのだ。とはいえ、収穫ばかりが楽しいのではない、大地そのものの力や本性もわしを楽しませる。大地は耕されて柔らかくなった胸に蒔かれた種を受け入れると、まずそれを隠して抱き続け——隠《オッカエコー》すということから、馬鍬《まぐわ》で掻き均《なら》す作業を掻き均《オッカーテイオー》しと呼ぶのだが*——次に自らの湯気と圧力で温かくなった種を二つに割り、*そこから緑の新芽を引き出す。それは根毛に支えられてゆっくりと成長し、節のある茎で身をもたげると、早《はや》思春期に入ったかのように莢《さや》に包まれる。莢から出ると、穂状に組み上がった実りを生み出し、小鳥に啄《ついば》まれぬよう芒《のぎ》の砦で守られるのだ。

52

葡萄の発芽、植えつけ、成長については何を言おうか。わが老年の安らぎと怡楽《いらく》をお前たちに知ってもらうために言うが、葡萄作りの楽しみには飽きるということがない。大地から生み出されるものが全て持っている自然な力——無花果《いちじく》のあんなに小さな種から、または葡萄の核から、あるいはその他の果物や植物の芥子《けし》粒のような種から、あんなに大きな幹や枝を生み出すことになるあの力は、言わずにおくとしてもだ。撞木挿《しゅもくさ》し*、吸枝《きゅうし》*、挿し木、根分け、取り木、これらはどんな人でも驚嘆させ、かつ喜ばせるのではなかろうか。

53

葡萄というものは本来垂れ下がるもので、支えがなければ地へ向かうが、それでも身をもたげようと、巻きひげをまるで手のようにして、当たるをさいわい抱きついていく。何度も滑り落ちたり迷い出たりしながら這い上がっていくのを、農夫が巧みに鋏で剪定しつつ、中枝が茂りすぎぬよう、四方八方にはびこりすぎぬよう制限を加えるのである。

こうして春になると、切り残されていた枝のいわば関節にあたる所に、珠芽《たまめ》と呼ばれるものが出現する。そこから生じる房が目立ってくる。房は大地の水分と太陽の熱で育ちゆき、最初は極めて酸っぱいが、やがて熟して甘くなる。葉に覆われているのでほどよい温《ぬく》みは失わず、太陽の極熱をも防いでいる。葡萄にもまして味わうに豊かで眺めるに美わしいものがありえようか。

先に述べたように、わしを楽しませるのは葡萄の有用性のみではない。支柱の配列、蔓先の格子仕立て、紐かけと取り木、先述の如く刈り込む枝と伸ばす枝、などの葡萄作りと葡萄の本性そのものもだ。水やり、畠の溝掘り、鋤き返しといった土地を格段に肥やすための作業については何を言及する必要があろうか。

54 施肥《せひ》の効用については言わずもがなだ。それは農事について書いた本の中で述べておいた*。それについては物識りのヘーシオドスは、農耕について一書を成したのに一言も費やしていない。対して、それより何世代も前の人とわしには思えるホメーロスは、息子の不在からくる悲しみを和らげるべく畠を耕し肥料を施すラーエルテースを描いている*。田舎の生活が実り多いのは畠や草地や葡萄園や造林のためだけではなく、庭や果樹園、さらには羊の放牧や蜜蜂の群、ありとあらゆる種類の花があることにもよるのだ。植えつけのみならず、農業が発明した最も巧妙な工夫である接ぎ木も楽しい。

一六

55 農事の楽しみは山ほど数えあげることもできるが、これまで語っただけでも長すぎたように思われる。だが、お前たちは許してくれよう。農事に熱中するあまりつい行きすぎたのと、老年を何の欠点もなきものに言いなそうとしているなどと思われぬように言うなら、老年というものは本来饒舌なものなのだから。さて、マーニウス・クリウスはサムニウム人、サビーニー人、ピュッロス王を打ち破った*後の最晩年を、そんな農事の中に暮らしたのだ。あの方の田舎家《いなかや》はわしの所からさほど離れていないのでよく眺めるのだが、彼《か》の人物の自制心や当時の規律はいくら賞賛しても足りないくらいだ。

56

　クリウスが炉端に坐っていた時のことだ。サムニウム人が多量の黄金を携えてやって来たが、受けとってもらえなかった。彼の言い分は、「黄金を所有するのは偉いこととは思えない、黄金を所有する連中を支配するのが偉いのだ」というのだ。これほどの気概が老年を喜ばしいものにしないわけがあろうか。

　しかし、わし自身から話が逸《そ》れて行かぬよう、農夫のことに戻ろう。当時元老院議員は、ということは老人たちは田舎に住んでいて、現にルーキウス・クインクティウス・キンキンナートゥス*は畠を耕している時に、独裁官に選ばれたとの通知を受けた。そして独裁官としての彼の命令の下で、騎兵長官ガーイウス・セルウィーリウス・アハーラ*は王位を窺うスプリウス・マエリウス*を誅殺したのだ。クリウスにしろその他の老人たちにしろ田舎家から元老院へと召集をかけられたので、そのことからはるばる呼びに行く役人はウィアートル（旅人）と名づけられた。ということで、畠を耕して楽しみとするこの人たちの老年は哀れむべきものであっただろうか。わしに言わすれば、これほど幸福な老年はありえぬのではなかろうか。全人類の健康に資するという意義ある務めを果たしているためばかりでなく、上に述べた楽しみの面からも、また、人々の食糧はもとより神々の崇拝にも関わるあらゆるものを——これを求める人がいる以上、ここらで快楽にも花を持たせておこうと思って言うのだが——あり余るほど豊かに備えているという面からもな。勤勉篤実な家長にあっては、葡萄酒倉もオリーブ油の倉も食糧倉も常に満ち、家中が賑わい、豚、仔山羊、仔羊、鶏、ミルク、チーズ、蜂蜜が溢れているものなのだ。それに、農夫ら自身が庭のことを「第二の豚の切り身*」と呼んでいる。鳥撃ちや狩といった余暇の活動も、以上のことにさらに味わいを添えるのである。

57 牧場の新緑や木々の並び、葡萄園やオリーブの林の美観については、何をくどくど述べることがあろうか。手短かに言おう。よく耕された農地以上に用いて実り多く、眺めて端然たるものはありえない。それを味わい楽しむのに、老年は障《さわ》りにならぬどころか、そこへ誘《いざな》い誘《おび》き寄せるのだ。老人にとって、これほど心地よく陽だまりや火の周りで暖をとれる所があろうか。あるいは逆に、これほど爽快に木蔭や流れで体を冷やせる所があろうか。

58 だから若者は、武器を馬を槍を、木刀とボールを、狩と競走をわがこととするがよい。われわれ老人には、多くの遊戯の中から骨牌《こっぱい》と骰子《さいころ》を残してくれればよい。いや、それさえどちらでもかまわぬ。そんなものがなくても老年は幸せでいられるのだから。

一七

59 クセノポーンの書物は多くの点で極めて有益なので、どうかお前たちも、これまでどおり熱心に読むように。『家政論』*と題する家政の切り盛りを論じた本の中では、農業が彼によっていかに滔々と賛美されていることか。また彼が農耕への精励ほど王にふさわしい業はないと見なしていることをお前たちに分かってもらうために言うと、あの本の中でソークラテースがクリトブーロス*にこんなことを語っているな――

武名赫々《かっかく》たるスパルタ人リューサンドロス*が、同盟国からの贈物を携えてサルディース*に小キューロス*を訪ねてきた時のこと。知性も支配の誉れも抜群のこのペルシア王子は、リューサンドロスに対して終始うちとけて好意的であったが、やがて入念に植樹して囲い込んだ園囿《えんゆう》を見せた。リューサンドロスは亭々と聳える樹木や整然たる五の目型*の樹列、鋤き込まれた無垢な土壌や花から溢れ出る馥《ふく》郁《いく》たる香りに感嘆して、これを設計して造りあげた人の熱意のみならず技の巧みにも感心する、と言ったところ、キューロスはこう答えた。

「いやいや、この設計は全部わたしがやったのだ。配列したのも造りあげたのもわたし、樹木の多くもわが手で植えたのだ」。

するとリューサンドロスは、紫の打掛けを纏ったキューロスの美丈夫ぶりと、金や玉をふんだんにあしらったペルシア風の衣装をまじまじと見つめながら、

「キューロス殿、貴方が幸せ者と言われるのも宜《むべ》なるかな。あなたの場合、幸

いと徳性とが一体となっているのだから」と言った、とな。

60
したがって、この幸せを味わうことが老年には許されているし、農業をはじめいろいろな事柄への熱中を老年の果てに至るまで保持することを、歳のせいで邪魔されることもない。マルクス・ヴァレリウス・コルウィーヌス*などは、既に十分に人生を生きた後で農地に住んで耕作に従い、百歳まで熱中し続けたと聞き及んでいる。この人の一度目と六度目の執政官職の間には四十六年が介在するから、先祖たちが老年の始まり*と考えたそれだけの期間、彼は名誉公職の道を歩んでいたことになる。しかもこの人の最晩年は、影響力が弥増《いやま》し苦労は減ったという意味で、中年期以上に幸福であった。まことに老年の誉れの尤《ゆう》なるものは影響力なのだ。

61
ルーキウス・カエキリウス・メテッルスには、アウルス・アティーリウス・カーラーティーヌス*には、どれほどの影響力が備わっていたことか。この人についてはこんな銘がある。

数多《あまた》の国が口をそろえ
これぞローマ第一の勇士なりしと言う。

この詩は全体が墓碑に刻まれてよく知られている。だから、万人の世評が一致して賞賛するこの人が重みを持つのは当然だ。最近では大神祇官のプブリウス・クラッススと、その後で同じ聖職に任ぜられたマルクス・レピドゥス*を、実に素晴らしい人たちと拝見した。パウルスやアーフリカーヌスや、前にも述べたマクシムスについては何を言う必要があろうか。この人たちは、その語る見解のみならず頷き一つの中にも、権威が宿っていた。老年、殊にも名誉公職にある老年は、青年の快楽を全て合わせたよりも価値高いほどの権威を帯びているのだ。

一八

62 しかし留意しておいて欲しいのは、わしがこの談話全体をとおして褒めているのは、青年期の基礎の上に打ち建てられた老年だということだ。そこからまた、これは以前にも述べて大いに皆人《みな》の賛同を得たことだが、言葉で自己弁護をしなければならぬような老年は惨めだ、ということになる。白髪も皺もにわかに権威に摑みかかることはできぬ。まっとうに生きた前半生は、最期に至って権威という果実を摘むのだ。

63

一見取るに足らぬ当たり前のようなこと、挨拶されること、探し求められること、道を譲られること、起立してもらうこと、公の場に送り迎えされること、相談をうけること、こういったことこそ尊敬の証となるのだ。これらはわれわれの所でも他の国でも、風儀が良ければ良いほど篤実に守られている。つい先ほど話に出したスパルタのリューサンドロスは、スパルタは老人が最も立派に住める国だ、と常々語っていたそうだ。これほど年齢が配慮され、これほど老年が尊敬される所はどこにもないのだからな。おまけにこんな話も伝わっている。アテーナイの演劇祭でのこと、さる老人が満員の劇場へ出かけたが、どこへ行っても同国人は席を譲ってくれなかったのに、国家使節として一個所に固まって坐っていたスパルタ人たちの所へ近づくと、*一斉に起立して、老人を迎えて坐らせてくれた、というのだ。

64 このスパルタ人に対して満座の観衆から繰り返し拍手が送られた時、一人が、「アテーナイ人は何が正しいかは知っているが、実行する気がない」と言ったそうな。お前たち鳥卜官の同僚団にも美風は多いが、とりわけわれわれの議論の関連で素晴らしいのは、年長者ほど先に意見を述べる権利があるということ、公職で上位にある人のみならず現に命令権*を持つ人に対しても、年上の鳥卜官は優先される、ということである。したがって、どんな肉体的快楽が権威という褒美に比べられようか。その褒美を見事に使い終えた人こそ、人生という芝居を演じきり、大根役者のように終幕でしくじることのなかった人だと、わしには思えるのだ。

65 しかし老人は気むずかしく、心配症で、怒りっぽく、扱いにくい、と言うか。もっと探せば、貪欲でもある。だが、これらは性格の欠陥でこそあれ、老年の咎ではない。ともあれ、気むずかしさや今言った欠陥には多少弁解の余地もある。十分な弁解とは言えぬが認めてやってもよいように思う。それは、老人が侮《あなど》られ、見下げられ、笑われていると自分で思い込んでいること、おまけに、弱った肉体にはどんな打撃でも憎らしいものとなる、ということだ。しかしこういったこと全ては、良き習いと良き嗜《たしな》みによって改善される。そのことは実生活でも舞台の上でも了解されるところで、『兄弟』*に出てくる兄と弟を見るがいい。一方の堅苦しさ、もう一方の人当たりの良さはどうだ。物事はこういったものだ。全ての酒が古くなれば酸っぱくなるわけではないように、人の性質だってそうだ。老年に厳しさは認めてやるが、他のことと同様、程度ものだ。過酷なのは断じていけない。

66 老人の貪欲さに至っては、何を欲しておるのか理解に苦しむな。人生も残り少なになるほどますます多くの路費を求める、これほど馬鹿げたことがあろうか。

一九

わしらの年齢を最も苦しめ不安なものにしているように見える第四の理由が残っている。死の接近だ。死は確かに老年から遠く離れたものではありえない。かくも長い人生の間に死を軽んじるべきことを悟らなかったとすれば、ああ、何と哀れな老人よ。死というものは、もし魂をすっかり消滅させるものならば無視してよいし、魂が永遠にあり続ける所へと導いてくれるものならば、待ち望みさえすべきだ。第三の道は見つけようがないのだ。

67 とすると、死後のわしは哀れではないか、もしくは幸福でさえあるのだから、何を恐れることがあろう。とはいえ、いかに若い者でも、自分が夕方まで生き続けると信じて疑わぬほどの愚か者はいるだろうか。それどころか、その年齢の方がわしらよりはるかに多くの死の危機に囲まれている。青年の方が病気に罹りやすく、病めば重《おも》りやすく、治るのも悲壮なのだ。だからこそ老年に至る者は少ない。もしそうでないなら、人生はもっとましでもっと賢明なものであろうにな。精神や理性や思慮は老人の中にあるのだから。もしそんな老人が一人もいなかったなら、まったく一つの国も存在しなかったであろう。

だが、差し迫る死のことに戻ろう。お前たちも見るとおり、死は老年と青年とに
68 共通のものなのに、そのように老年を非難するのはどうしたことだ。死があらゆる
年代に共通のものであることを、わしは最愛の息子において*、そしてお前は、スキ
ーピオーよ、位階を極めることを期待された弟たちにおいて*、思い知ったのだ。

しかし青年は長く生きんことを望むのに、同じことを老人は望むわけにはいかな

い、と言うか。それは望む方が浅はかだ。不確かなものを確かと思い、偽りを真実と思うほど愚かなことはあるまいからな。しかし老人は望むべきものさえ持たない、と言うか。いや、青年が望むところを老人は既に達成しているのだから、それだけ老人の方が良い状況にある。あちらは長く生きたいと欲するが、こちらは既に長く生きたのである。

69　とはいえ、偉大なる神々よ、人間の本性においては長いものなどありましょうか。というのも、仮りに限度一杯の命数《めいすう》を貰って、タルテーッソスの王の寿命を期待したとしても——物の本によれば、かつてガーデースにアルガントーニオスとかいう王がいて、八十年間君臨し、百二十歳まで生きたということだが*——わたしには、終わりのあるものは永続するものとも思えないのです。何しろ終わりが来れば過ぎたものは流れ去ってしまうのだから。ただ徳と善き行いによって達成したことだけが残る。時間も日も月も年も過ぎて往《ゆ》く。そして往時は還らず、後来は知る由もない。人は皆、生きるべく与えられただけの時に満足しなければならぬ。

70　たとえば、役者が人に喜ばれるためには、どこか出ている幕で喝采を浴びさえすれば出ずっぱりになる必要はないように、賢者も「皆さん、拍手を願います*」にまで至らなくてもよい。束の間の人生も善く生き気高く生きるためには十分に長いのだ。もし仮りに長く生き進んだとしても、春の佳候が過ぎ秋や冬が来たことを農夫らが嘆くほどには嘆くに及ばない。春がいわば青春を表し、来たるべき実りを約束するのに対し、残りの季節は実りを刈り、取り入れるのにふさわしいのだから。そして老年の実りとは、何度も述べたように、以前に味わった善きことの豊穣なる思い出に他ならないのだ。

71

自然に従って起ることは全て善きことの中に数えられる。とすると、老人が死ぬことほど自然なことがあろうか。同じことが青年の場合には、自然が逆らい抵抗するにもかかわらず起るのである。だからわしには、青年が死ぬのは熾《さか》んな炎が多量の水で鎮められるようなもの、一方老人が死ぬのは、燃え尽きた火が何の力を加えずともひとりでに消えていくようなもの、と思えるのだ。果物でも、未熟だと力ずくで木から捥《も》ぎ離されるが、よく熟れていれば自ら落ちるように、命もまた、青年からは力ずくで奪われ、老人からは成熟の結果として取り去られるのだ。この成熟ということこそわしにはこよなく喜ばしいので、死に近づけば近づくほど、いわば陸地を認めて、長い航海の果てについに港に入ろうとするかのように思われるのだ。

二〇

72 ところが老年には定まった期限がなくて、義務の奉仕を果たし続け、しかも死を軽んじることができる限り、立派に生きていけるのだ。そこから、老年の方が青年以上に気概に満ち毅然としている、ということが起こる。僭主ペイシストラトス*に対するソローンの返答がそのあたりの消息を伝えている。即ち、「一体何を頼んでそんなに大胆に逆らうのか」と問われて、ソローンは「老年を」と答えたというのだ。しかし最も理想的な生の終わりは、健全な精神としっかりした感覚のある間に、自然が自分で組み立てた作品を自分の手で分解する時に実現する。船でも建物でも、造った本人が一番簡単にばらすものだが、同様に人間の場合でも、接合し作ってくれた自然が一番上手に分解する。そして、何にせよ接《は》ぎ合わされたものを引き剥がすのは、作りたてほど難しく、古くなるほどたやすいもの。かくして、老人は残り少ないその余生を貪欲に求めてはならないし、故なく放棄してもいけないということになるのだ。ピュータゴラースも指揮官の、つまり神様の命令なしに人生の見張りの持ち場を離れることを禁じている。*

73 賢者ソローンともあろう人に、自分の死が友人たちの悲しみと嘆きで飾られないのは嫌だ、とする短詩がある。* 思うに、身内の人々にとって自分が大事な人でありたいと望んでいるに違いない。しかし、エンニウスの方が良いことを言っていると思いたい。

誰もわたしを涙で飾ってくれるな、葬いも
泣きながらはやめてくれ。*

74 後には不死なる生が続くのだから、死を嘆くべきものとは考えていないのだ。
さらに、何か死ぬ感覚のようなものがあるかも知れないが、あっても特に老人にとっては短いもの。死後の感覚は待ち望むべきものであるか、あるいはまったく存在しないかだ。しかし、死をものともせぬよう若い時から練習しておかなければならない。その練習がないと何人《なんぴと》も平静な心ではいられない。死なねばならぬことは確実だが、それが今日この日かどうかは不確実なのだからな。したがって、四六時中差し迫る死を恐れていたのでは、どうして心をしっかと保つことができようか。

75

この問題について長々と論じる必要がないように思われるのは、祖国を解放しようとして殺されたルーキウス・ブルートゥス*とか、馬を駆って我から死地に飛び込んだデキウス父子*とか、敵との誓約を果たすために拷問を受けに戻ったマルクス・アティーリウス*とか、フェニキア軍の侵入を身を挺して阻止しようとした両スキーピオー*とか、カンナエの屈辱の際に同僚の無謀を死をもって償ったお前の祖父ルーキウス・パウルス*とか、残虐無比の敵でさえその死が埋葬の礼を欠くことを許さなかったマルクス・マルケッルス*とかではなくて、わしが『起源』*の中で記しておいたことだが、再び生きて戻れようとも思われぬ所へと何度も喜び勇んで赴いたわれらが軍団のことを思い出せばよいからである。つまり、青年たち、そして無学な連中のみならず田舎出の者たちでさえ軽視するものを、どうして学識ある老人が恐れるであろうか。

76 少なくともわしの見るところでは間違いなく、全ての仕事に満ち足りることが人生に満ち足りることになる。少年期には少年期の仕事がちゃんとあるが、だからといって青年がそれを愛惜するだろうか。青年期の入口にある仕事を、中年と呼ばれるすでに安定した世代が追い求めるだろうか。中年期にももちろん仕事があるが、老年になってそれが欲しがられたりはしない。そして老年にはいわば最後の仕事がある。それ故、前の各年代の仕事が消えていくように、老年の仕事も消えてなくなるのだ。そしてそうなった時には、人生に満ち足りて死の時が熟するのである。

二一

77 わし自身死というものをどのように考えているか、それを敢えてお前たちに語らぬ理由は見当たらぬ。死から離れること少ないだけ、それだけよく理解できそうだからな。プブリウス・スキーピオーならびにガーイウス・ラエリウスよ、お前たちの父君は世に並びなき名望家で、わしの最も親愛する方々であったが、わしの考えでは、ただそれのみが生と見なせる生を今は生きておられるのだ。というのも、われわれは肉体というこの形骸の中に閉じ込められている限り、自然の掟が定めた務めと重い仕事を果たさねばならぬのだから。というのは、魂は天に属するもので、いわば至高の住処《すみか》から下げおろされ、神の本性や永遠性とは正反対の場である地上に、いわば沈められたものなのだから。* しかしながら、不死なる神々が人間の体の中へと魂を播かれたのは、地上を世話する者や、天界の秩序を観察して、揺るぎなき生き方をもったその秩序を模倣する者を存在させるためであった、とわしは信じている。推論や議論のみによってこのような信念に至ったのではない、最も秀れた哲学者*たちの隠れなき権威もそう教えるのである。

78

ピュータゴラースとピュータゴラースの徒といえば、かつてイタリア哲学派と呼ばれていたくらいだから、同国人と言ってよいほどだが、彼らは、人間が宇宙の神的精神から流出した魂を持つということを断じて疑わなかった、とよく聞かされたものだ。さらに、アポローンの神託によって最高の知者と判定された彼《か》のソークラテースが、この世を去る日に魂の不死性について論じた事柄も、よく説き明かしてもらった。*

多言は要すまい。わしはこのように確信し、このように考えている。まず、魂の働きはかくも迅速で、これほどの過去の記憶と未来の予見が可能で、これほど多岐にわたる学問や知識を備え、創意工夫に富んでいることから見て、それらのものを包摂する自然が死滅するものではありえないということ。次に、魂は常に動いてやまず、自分で自分を動かすから運動の始まりを持たぬということから見て、自分で自分を見捨てることもなかろうから運動の終わりも持たぬであろう、ということ。*更に、魂の本性は単一で、自分に似通っていない混ざりものは内部に何も持っていないことから見て、魂は分割されえないということ。分割できない以上、滅びるわけがないということ。*人間が生まれる前から多くのことを知っているということの大いなる証拠を挙げるなら、子供でさえ難しい学問を学ぶ時、数えきれぬ事柄をいとも迅速に了解するので、今初めて聞かされるのではなく、思い出し想起しているように見える、という事実がある。*以上はプラトーンの説の主旨である。

79

二三

またクセノポーンの書物の中では、大キューロスが死に臨んでこんな話をしている。*

80

目の中に入れても痛くない息子たちよ、わしがお前たちから離れていったとしても、どこにもいなくなるなどと考えてはならぬ。一緒にいた時でさえ、お前たちにはわしの魂は見えなかったが、それがこの体の中にあるということは、わしの行いから理解していたではないか。それだから、たとえお前たちに見えなくなったとしても、あり続けるのだと信じるがよい。

まことに、声望ある人々の場合でも、その魂がわれわれに働きかけて、彼らの思い出をいつまでも持ち続けるようにさせないならば、死後の誉れは永続しないであろう。わしとしては、魂なるものは死すべき肉体の中にある間は生き、そこから離れるや死ぬ、とはどうしても納得できなかった。魂は知性のない肉体から

81

離れ去る時に知性なきものになるのではなく、肉体という付加物からすっかり解放されて、純一無垢なる存在となり始めた時にこそ知性を帯びる、と信じていたのだ。そしてまた、人間の本性が死によって分解される時、他の要素がそれぞれ何処へ去っていくかは、全て生まれ出た所へ戻っていくものと分かっているが、魂のみは、そこにある時も離れていく時も、見えないのだ。

ところで、眠りほど死に似たるものがないのは知ってのとおりだ。しかるに、魂がその神性を最大限に顕すのは眠っている時である。その証拠に、魂は縛《いまし》めが緩み自由になった時に未来の多くのことを予見する。かくして、肉体の縛めからすっかり解放された時の魂のあるべき姿が了解されるわけだ。だから、わしの言うとおりだと思うなら、わしを神の如くに敬うのだぞ。しかしもし、魂が肉体と同時に滅びゆくものだとしても、お前たちはこの麗しい全世界を守り治める神々を崇めつつ、わしの思い出を恭しく厳かに守り続けて欲しいのだ。

82

キューロスは死に臨んでこのように語ったのだ。わしらは、もしよければ自国のことを考えてみようか。スキーピオーよ、お前の父君パウルスにしても、祖父のパウルスとアーフリカーヌスの御両所にしても、アーフリカーヌスの父君や伯父君にしても、あるいは列挙するには及ばぬが大勢の抜群の勇士たちにしても、後の世が自分たちに関わりを持つという意識もなしに、後の世まで記憶されるような偉業をあれほど沢山なしとげたとは、誰が何と言おうと納得できない。年寄りの流儀で少し自慢させてもらうと、わしも昼となく夜となく、国の内外で大層な苦労を引き受けたが、もしもわしの誉れがわしの人生と同じ終わりで限られるはずのものなら、そこまでしたと思うかね。苦労も奮闘努力もなしに静かな閑居生活を送る方が、はるかに良かったのではないかな。しかしどういうわけか、わしの魂は背伸びをして、この世から立ち去った時にこそ初めて真に生きることになるとでもいうかのように、絶えず後の世を見つめてきた。実際、魂が不死であるという事情がもしないのであれば、最も秀れた人の魂こそが不死の誉れを求めて最大の努力をする、ということもないであろう。

83 賢い人ほど平静な心で、愚かな者ほど落ち着かぬ心で死んでいく事実を、どう説明するか。より広くより遠くまで見分けのつく魂には、自分がより良い世界へと旅立つことが見えるのに、視力の鈍い魂にはそれが見えない、そうお前たちには考えられないかね。

　崇拝し敬愛していたお前たちの父君に会いたい一心で、わしはもう有頂天だ。直接知っていた人ばかりでなく、聞いただけの人、読んだこと、書いたことのある人たちにも対面したくてたまらない。そこへわしが旅立てば、決して誰も容易に引き戻せないだろうし、ペリアース*のように釜茹でで若返らせることもできぬだろう。またもしどなたか神様が、この歳から赤子に返り、揺り籠で泣くことを許して下さるとしても、きっぱりと断るだろう。言うならば、折角コースを走り終えたのに、ゴールから出発点へと呼び戻されるようなことはまっぴらだ。

84 人生にはどんな利点があるか。というより、どんな苦労がないであろうか。確かに利点があるにしても、必ずや飽和か限度がある。多くの、それも学識ある人たちが繰り返し行ったことだが、生を嘆くのはわしの気に染まぬ。また、生きてきたことに不満を覚えるものでもない。無駄に生まれてきたと考えずに済むような生き方をしてきたからな。そしてわしは、わが家からではなく旅の宿から立ち去るようにこの世を去る。自然はわれわれに、住みつくためではなく仮の宿りのために旅籠《はたご》を下さったのだから。

魂たちの寄り集う彼《か》の神聖な集まりへと旅立つ日の、そしてこの喧騒と汚濁《おじょく》の世から立ち去る日の、何と晴れやかなことか。何しろ行く先には、先ほど述べた人たちばかりでなく、わしのカトーもいるであろうから。あれに勝る人物、孝心であれを凌ぐ人物は生まれたことがない。あれの亡骸《なきがら》はわしの手で荼毘に付したが、その逆に、あれがわしをそうすべきであった。しかしあれの魂は、わしを見捨てるのではなく見返りながら、わしも行かねばならぬとあれが考えていた、まさにその場所へと立ち去ったのだ。わしはこの不幸を毅然と耐えるように見られているが、それは平静な心で耐えているからではなくて、二人の間を隔てる別れが長く続くものではないという思いで、わが身を慰めてきたからである。

85 以上のようなわけで、スキーピオーよ、お前もラエリウスも日頃感嘆すること頻りだと言っていたが、わしにとって老年は軽いのだ。そして煩わしくないどころか、喜ばしくさえあるのだ。しかしもし、わしが人間の魂は不死だと信じるのが間違いだというなら、進んで間違っていたいし、喜びの源であるこの間違いを、生きている限りわしから捥《も》ぎ取ってもらいたくないものだ。また、取るに足りない哲学者ども*が考えるように、死んだら何も感じなくなるのなら、死んだ哲学者がわしのこの間違いを嘲笑いはせぬかと恐れることもないわけだ。しかし仮りに、われわれは不死なるものになれそうにないとしても、やはり人間はそれぞれふさわしい時に消え去るのが望ましい。自然は他のあらゆるものと同様、生きるということについても限度を持っているのだから。因みに、人生における老年は芝居における終幕のようなもの。そこでへとへとになることは避けなければならない、とりわけ十分に味わい尽くした後ではな。

以上がわしが老年について語りたかったことである。願わくはお前たちがそこに至り、わしから聞いたことを身をもって経験し、確かめることができることを。

注

一

頁 行

九 5　この三行と次の二つの一行詩は、エンニウス（注一八3参照）『年代記』一〇・三三五以下(Skutsch)よりの引用。ある牧人（信義に篤い彼の男）が、ティトゥス・クインクティウス・フラーミニーヌス（ローマの政治家、武将。一九八年の執政官）を助け、敵ピリッポス五世（マケドニア王）の陣への間道を教えようとする場面である。キケローは、ティトゥスという名の武将に呼びかける詩行を引用することにより、同名の友人ティトゥス（ポンポーニウス・アッティクス。「解説」一一五頁参照）に呼びかける。一章全体が親友への献辞になっている。

〃 6　キケローがこの書を献じようとする親友、ティトゥス・ポンポーニウス・アッティクス。

一一 11　二二五年頃、リュケイオン（アリストテレースが開いた学校）の学頭になったとされる人物か。ケオース島またはキオス島の出身で、老年についての論考を書いたらしいが、詳細は不明。

〃 〃　ギリシア神話上の美青年。トロイアの王子で、エーオース（曙の女神）に恋され、不死にしてもらったものの、不老にするのを忘れられたため、老いて枯れ凋み、最後は声だけ発する蟬に変えられた。

一二13 「解説」一〇三頁参照。

〃14 「解説」一一四頁参照。

〃〃 「解説」一一一頁参照。

二

一三10 シキリア島にあるヨーロッパ最高の活火山。三三二三メートル。ゼウスを長とするオリュンポスの神々とギガンテス(巨人族)が戦った時、アテナ女神がこの火山で敵のエンケラドスを押し潰した。別の神話では、怪物テューポーンがオリュンポスの神々を攻め危地に追いつめたが、最後は、ゼウスがテューポーンの上にこの火山を投げつけ、退治した。このことから、重いものの代名詞となる。

一三13 カトー(Cato)という家名が形容詞 catus(賢い、鋭い)と関連することを言うのか、キケローが時折カトーを sapiens(賢者)と呼ぶことと関連するのか、どちらかであろう。

一四6 テクストを文字どおりに訳せば、「ギガンテスの如く神々と戦うことは自然への反抗以外の何物であろう」となる。しかし、文脈からは本文に記したような訳が要求される、とする Powell に従う。

一五1　ラエリウスのこの発言から八節の終わりまでは、プラトーン『国家』三二八D—三三〇Aを自由に翻案したもの。そこでは、おそらく四十歳くらいのソークラテースがケパロスという老人に老いの境地について尋ねる。

三

〃4　アリストテレース『弁論術』一三七一bに、「同い年は喜びの元」、「似た者はいつまでも」、「蛇《じゃ》の道は蛇《へび》」、「鳥は鳥づれ」といった諺が見える。

〃5　ガーイウス・リーウィウス・サリーナートル。一八八年の執政官。

〃6　スプリウス・ポストゥミウス・アルビーヌス。一八六年の執政官。

一六7　アテーナイの政治家、将軍。五二四頃—四五九年頃。ペルシア戦争中のサラミースの海戦（四八〇）を勝利に導いた立役者。プルータルコス『対比列伝』にその伝記がある。

〃〃　エーゲ海に浮かぶ小島。取るに足らぬ祖国の代名詞として使われている。このエピソードはヘーロドトス『歴史』八・一二五に見えるが、そこではセリポス島ではなくベルビーナ島（同じくエーゲ海上の小島）となっている。勝利者として輝かしい名声に包まれるテミストクレースを妬んだ男が、このように難癖をつけたのである。

四

一七6　クイントゥス・ファビウス・マクシムス・クンクタートル（二八五頃―二〇三）。カルターゴー軍の侵攻を正面きって迎え撃たず、衝突を引き延ばし消耗させる戦術を採ったことから、クンクタートル（遷延将軍）の綽名を得る。二一三／二年にハンニバルの手に落ちたタレントゥム（イタリア半島土踏まずの部分）を、二〇九年に奪還する。カトーより五十歳ほど年長である。

〃11　二一四年のこと。カプアはイタリア中西部カンパーニア地方の中心的な町で、二一六年以後カルターゴーの同盟市となるが、二一一年、ローマがこれを奪回する。

〃13　二〇四年のこと。クイントゥス・マクシムスの死の前年にあたる。

一八1　護民官マルクス・キンキウス・アリメントゥスの提出した法案。「……キンキウス法の強化を主張する。これは、昔の人が法廷弁護の目的で金銭や贈物を受けとることを禁じていた法律である」（タキトゥス『年代記』一一・五、国原吉之助訳）。

〃3　カルタゴーのハンニバルはイタリアに侵攻した二一八年に二十九歳、この時クイントゥス・マクシムスは六十七歳くらいである。

〃〃　クイントゥス・エンニウス（二三九―一六九）。ギリシア文学に学び、叙事詩、悲劇、喜劇、史劇、その他数々のジャンルを手がけて「ラテン文学の父」と称えられるが、作品は全て散逸した。カトーはサルディニア島で軍務に服するエンニウスに出会い、彼をローマに伴った。次の三行は、エンニウスの代表作『年代記』一二・三六三以下(Skutsch)からの引用である。

〃9　タレントゥムがカルタゴー軍の手に落ちた時に、城砦に立て籠もって抵抗を続けたのは、マルクス・リーウィウス・マカートゥスという人物。その親戚であるマルクス・リーウィウス・サリーナートルの名前をここで出したのは、キケローの間違いであろう。カトーがこのやりとりを聞いたということも、実際にはなかったと考えられる。

一九5　二三二年、護民官として、元老院の猛反対にもかかわらず、最近獲得されたピーケーヌム地方(イタリア北東部、アドリア海沿岸)の土地をローマの貧民に分配して人気を博した。

〃6　スプリウス・カルウィーリウス・マクシムス。二二八年にクイントゥス・マクシムスと同僚執政官となったが、平民寄りの立場で、フラーミニウスの土地分配法に反対しなかった。一方クイントゥス・マクシムスは、二三二年に成立した土地分配法に、二二八年になっても抵抗していたことになる。

二〇3　藤原実定の「をしへおくその言の葉を見るたびに又問ふかたのなきぞかなしき」(『千載集』巻九哀傷)が思い出される。

五

〃9　本篇の登場人物スキーピオーの祖父にあたる大スキーピオー。二〇二年ザマの戦で、ハンニバル率いるカルタゴー軍を決定的に打ち破る。「解説」中の系図を参照。

二〇13　ギリシアの哲学者。四二七頃―三四七年。「書きながら死んだ」とは、大作『法律』を未完に残したことを言う。

二一1　アテーナイの弁論家。四三六―三三八年。プラトーンの学校アカデーメイアに先だって弁論術の学校を開き、多くの弁論家・政治家を育てた。『パナテーナイア祭演説』は自己の政治的立場を総括し、アテーナイの栄光を称えたもので、死の前年に完成した。

〃3　レオンティーノイ(シキリア島東岸、アテーナイの同盟市)出身の大弁論家。四八五頃―三八〇年頃。シキリア島で発達した弁論術を、四二七年、外交使節としてアテーナイに赴いた折に、その地に伝えたとされる。著作断片と伝記的資料は、『ソクラテス以前哲学者断片集』第V分冊(岩波書店)に収められている。

〃11　エンニウス『年代記』五二二以下(Skutsch)。

三1　一節に現れるティトゥス・クインクティウス・フラーミニーヌスの息子。次のマーニウス・アキーリウス・バルブスと共に、さしたる事績は知られていない。

〃3　グナエウス・セルウィーリウス・カエピオーとクイントゥス・マルキウス・ピリップスが執政官の年、一六九年。ピリップスは一八六年に最初の執政官。

〃4　クイントゥス・ウォコーニウス・サクサが一六九あるいは一七四年に提出した法案。女性を相続人に定めることを制限した。

六

三三 4　スキーピオーに向かって。

〃 5　大カトーの長男はアエミリウス・パウルスの娘と結婚し、一五二年に(即ち大カトーより三年ほど早く)世を去っている。

〃 〃　ルーキウス・アエミリウス・パウルス。一六八年、二度目の執政官の時、ピュドナの戦でマケドニア王ペルセウスを破る。「解説」中の系図を参照。

〃 6　ガーイウス・ファブリキウス・ルスキヌス。二八二、二七八年の執政官。清貧・厳格・廉潔等ローマ人の一典型とされる。

〃 〃　マーニウス・クリウス・デンタートゥス。二九〇、二八四(補欠)、二七五、二七四年の執政官。エーペイロスの王ピュッロスを破る。五五節でエピソードが語られる。

〃 〃　ティベリウス・コルンカーニウス。法律家、平民出身として最初の大神祇官(二五四)。

〃 9　アッピウス・クラウディウス・カエクス。三〇七、二九六年の執政官。ローマからカプアに至るアッピウス街道を建設。老境にあって家族を統べる姿が三七節で描かれる。

〃 10　エーペイロス(ギリシア西北部)の王。三一九―二七二年。イタリア半島のギリシア人を後援してローマと戦った。ピュッロス戦役は、二八二―二七四年。

〃 13　エンニウス『年代記』六・一九九以下(Skutsch)。

二五8 大スキーピオーはザマの戦(二〇二)でハンニバルを決定的に破り(第二次ポエニー戦争)、小スキーピオーはこの対話(一五〇)の後、第三次ポエニー戦争(一四九―一四六)でカルターゴーを最終的に滅ぼすことになる。

二六6 グナエウス・ナエウィウス(二七〇頃―二〇〇頃)。叙事詩、悲劇、喜劇、史劇を作るがいずれも散逸した。『ルードゥス』は「芝居」の意味か「リューディア人」か「ルプス(狼)」の誤字か、不明。

七

二七3 五、四世紀のアテーナイで、二十歳以上の参政権を持つ男子は約三万人であったと考えられる。

〃4 アテーナイの政治家。五世紀前半。正義の人と綽名されるが、テミストクレースの策謀で陶片追放にかけられた。プルータルコス『対比列伝』に伝記がある。リューシマコスは父親の名。

〃13 アテーナイの悲劇作家。四九六/五―四〇六年。『アンティゴネー』『オイディプース王』等七篇が現存。『コローノスのオイディプース』は九十歳の時の作で、四〇一年、死後上演された。

二八7 『イーリアス』『オデュッセイア』の作者とされる叙事詩人。八世紀後半。その実在性や年代について学説は一致を見ていないが、盲目の老詩人と伝えられる。

〃〃 叙事詩人。八世紀末。神々の世界を歌う『神統記』、教訓詩『仕事と日』が現存。

〃8　合唱抒情詩の大家。五五六頃―四六八年頃。記憶術の発明者ともされる。
〃〃　合唱抒情詩の完成者。六世紀前半活躍。一説に享年八十五。
〃9　ディオゲネース・ラーエルティオス『哲学者列伝』、ルーキアーノス『長寿者』その他により以下の哲学者の享年についての諸説を記すと、ピュータゴラース(八十、または九十)、デーモクリトス(九十、百四、百九)、プラトーン(八十一)、クセノクラテース(八十二、八十四)、ゼーノーン(七十二、九十八)、クレアンテース(八十、九十九)、ディオゲネース(八十八)。
〃11　バビュローン生まれ、ストア派の学頭となる。二四〇頃―一五二年。一五六/五年、アテーナイの外交使節としてローマに赴いた。
〃14　ローマの北東にあたる。カトーはそこに地所を持ち、少年時代の多くをそこで過ごした。
二九8　カエキリウス・スターティウス(一六六没)。パッリアータ劇(ギリシア新喜劇の翻案劇)の名手。『若い仲間』は、メナンドロス(ギリシア新喜劇の大家。三四二/一―二九三/二)からの翻案。

八

三〇6　メナンドロスを翻案した『首飾り』の一部とされる。
三一1　メナンドロスに基づく『エペソスの人』の断片とされる。
〃10　アテーナイの政治家、立法家、詩人。五六〇年頃没。ギリシア七賢人の一人。この詩は、プラトーン『恋がたき』一三三C、プルータルコス『対比列伝』「ソローン」三一、その他に引用される。

三三 1　アテーナイの哲学者。三九九年刑死。著作は残していないが、弟子のプラトーンが数多くの対話篇で師の思想を後世に伝えた。プラトーン『エウテュデーモス』二七二Cに、老ソークラテースが子供と一緒に竪琴を習い、馬鹿にされる話が見える。

九

〃 8　クロトーン(イタリア半島南端)出身の強力無双のレスラー。五一一年頃盛時。オリュンピア競技祭で六度優勝、ピューティア競技祭でも少年時代に一度、成人して六度優勝。

〃 13　セクストゥス・アエリウス・パエトゥス・カトゥス。二〇〇年頃、博学の法律家。

三三 2　プブリウス・リキニウス・クラッスス・ディーウェス。三世紀末、法律の知識を買われて大神祇官に選ばれた。

〃 14　グナエウス・コルネーリウス・スキーピオー・カルウス。大スキーピオーの伯父。二二二年の執政官。これ以下の四つの注については、「解説」中の系図を参照。

三四 1　プブリウス・コルネーリウス・スキーピオー。大スキーピオーの父。二一八年の執政官。

〃 〃　ルーキウス・アエミリウス・パウルス。小スキーピオーの実の祖父。カンナエの戦でハンニバルに敗北する。

〃2　プブリウス・コルネーリウス・スキーピオー・アーフリカーヌス・マイヨル(大スキーピオー)。小スキーピオーの養父の父。
〃7　アテーナイの文筆家。四三〇頃—三五五年頃。『ギリシア史』『アナバシス』『ソークラテースの思い出』など。『キューロスの教育』はペルシアのキューロス大王を主人公にして、国制・教育・指導者像などについての議論に物語的要素を加味した歴史小説。
〃〃　アケメネス朝ペルシアの開祖。五五七年頃王となる。
〃9　ルーキウス・カエキリウス・メテッルス。二五一、二四七年の執政官。第一次ポエニー戦争でカルターゴーの恐るべき象部隊を破った。ウェスタ神殿焼失の際、男子禁制の聖域に飛び込んで神像を救出したが、失明した。

一〇

三五2　ホメーロス『イーリアス』の将の中の最長老。常に思慮深い助言を行うが、饒舌家の代名詞ともなっている。
〃5　ホメーロス『イーリアス』一・二四九。
〃8　ホメーロス『イーリアス』二・三七二。アイアースは力ではアキレウスに次ぐ勇士、総大将とはアガメムノーンである。
〃13　一兵卒として、二一四年のこと、一〇節参照。財務官として、二〇五年のこと。執政官として、一九五年のこと。

三六 1　テルモピュライはギリシア中部、ギリシア軍とペルシアの大軍の古戦場(四八〇)として名高い。ここでローマ軍は、セレウコス朝シリアのアンティオコス三世を破り、カトーも大功をたてた。

〃 10　百人隊長には巨漢・力持ちが多かったようだが、この人物は小スキーピオーの部下であったかと考えられる以外は不明。

〃 13　オリュンピアはペロポンネーソス半島西部のゼウス神の聖地で、名高い競技祭が四年に一度開催された。競走路《スタディオン》は二〇〇メートル弱。別伝によると、ミローンはこの後牛を殺し、一日で平らげたという。

三七 7　ヌミディア(アフリカ北西部)の王。カルターゴーの臣であったが、後には敵となり、二〇一年以後はローマの忠実な同盟者となった。

〃 10　ガレーノス(紀元二世紀、医家)によれば、乾燥は老衰の先触れともされたが、ここでは体液の悪しき影響から免れている状態を乾燥と呼ぶのであろう。

一一

三八 9　ザマの戦(二〇二)でハンニバルを決定的に打ち破った父親大スキーピオーが第一の光である。

四〇 9　クルツィウス『ヨーロッパ文学とラテン中世』(南大路振一・岸本通夫・中村善也訳、みすず書房、一三七頁)によると、「少年と老人」のトポスは、ある文化の末期に発達するという。

〃11　建国からカトーの同時代に至るローマの歴史と、イタリア諸都市・諸民族の歴史を誌した全七巻の書。今日断片しか伝わらない。

四一1　イアンブリコス『ピュータゴラース伝』一六五によると、ピュータゴラースの弟子たちは前日の出来事をすっかり思い返すまで寝床から離れなかった。朝一番に言ったり聞いたりしたこと、二番目三番目のこと、最初に会った人、二番目三番目の人、と全てを順序どおりに思い出す訓練をしたという。

一二

四二2　ピュータゴラース派の哲学者、数学者。四世紀前半に活躍。プラトーンの『第九書簡』及び『第十二書簡』の受信人でもある。

四三6　三二一年、サムニウム人(アペニン山脈中南部の地域に居住)と戦うローマ軍は、カウディウムの峡谷(カプアの東方)に誘《おび》き寄せられ、敗れた。

〃8　ガーイウス・ポンティウス・ヘレンニウス。ギリシアの学問があったとも伝えられる。

〃12　三四九年。但し、プラトーンの『第七書簡』によると、プラトーンのイタリア・シキリア方面の旅行は三八九—八八、三六七、三六一—六〇年の三回のみで、三四九年、七十八歳の時の大旅行は疑わしい。

四四6 兄ティトゥス・クインクティウス・フラーミニーヌスは、一節に既出。弟ルーキウスの執政官職は一九二年。

〃9 プルータルコス『対比列伝』「大カトー」一七では、人が殺されるところを見たいと言う美少年を喜ばせるために、ルーキウス・フラーミニーヌスは囚人を斬首した。

〃11 ルーキウス・ウァレリウス・フラックス。カトーをローマの政界に導いた人物。執政官(一九五)も監察官(一八四)もカトーと同じ年に務めた。

一三

四五3 二八〇年頃。ローマと交戦するタレントゥムはエーペイロス王ピュッロスに来援を求めた。ファブリキウスはタレントゥムに陣を敷くピュッロスの所へ、捕虜の扱いに関する交渉に赴いた。

〃〃 デーモステネースの弟子。ピュッロス王に参謀格で仕えた雄弁家。

〃4 哲学者エピクーロス(三四一―二七〇)。肉体の苦痛と精神の惑乱から免れていることを快楽ととらえ、その追求を説き勧めたが、その説は古代において既に、美食や享楽を求めるものと曲解された。

〃7 サムニウムはアペニン山脈中南部の地域で、その住民(サムニウム人またはサムニーテース人)はローマに頑強に抵抗した。第三次サムニウム戦争(二九八―二九〇)の後も彼らはなおも屈せず、同じくローマに敵対するエーペイロスのピュッロス王を支援した。

〃9　プブリウス・デキウス・ムース。二九五年、サムニウム人およびガッリア人と戦うローマ軍が敗れそうになった時、大地と死者霊にわが身を捧げて敵陣中に斬り込んだ。

四六7　『ティーマイオス』六九D。

〃10　執政官の時(二六〇)、シキリアのミューラエでカルターゴー海軍を破り、拿捕した敵船の船《せん》嘴《し》で柱を飾りローマの広場に建てた。

四七2　第二次ポエニー戦争末期、ローマに異兆が頻発し、デルポイのアポローンの神託に伺うと「神々の母をイーダ山から呼び寄せよ」と託宣があった。小アジアのプリュギア地方を中心に崇拝される大母神キュベレーの御神体とされる石が、二〇四年ローマに請来された。

〃9　コンポーターティオーはギリシア語シュンポシオン(共飲)の、コンケーナーティオーはギリシア語シュンデイプノン(共食)の翻訳造語。**饗宴**はギリシア語シュンポシオン、ラテン語コンウィウィウムで、ここに持ち出された他の語は普通は使われない。

一四

四八6　食卓を囲んで三方に寝椅子を置き、左側のを上、手前中央のを中、右側のを下と呼ぶ。それぞれの寝椅子に三人が横臥し、食卓に向かって左から上、中、下の席と称す。盃もスピーチも上の上から始められた。

〃7　クセノポーン『饗宴』二・二六。

四九 1 プラトーン『国家』三二九C。

〃 6 はっきりと述べられたわけではなく、カトーの主張を漠然と指すのであろう。

〃 8 ルーキウス・アンビウィウス・トゥルピオー。カトーの時代の人気俳優。

五〇 1 窪田空穂米寿の言葉「老齢、あらゆる欲望はおとろえたが、知識欲だけは残っており、読書はたのしい」(『木草と共に』春秋社、一九六四年、「後記」)は同じ境地を示していよう。

〃 2 ガーイウス・スルピキウス・ガルス。天文学者。アエミリウス・パウルスがマケドニア王ペルセウスを破ったピュドナの戦(一六八)の直前、月蝕を予言してローマ兵のパニックを防いだ。

〃 3 mori(訳せば、「熱中して死ぬ」となる)を削除。

〃 7 ティトゥス・マッキウス・プラウトゥス(二五四頃—一八四)。ローマの喜劇作家。ギリシア喜劇の翻案を含む百三十篇の喜劇を作り、今日二十篇がほぼ完全な形で残る。

〃 8 ルーキウス・リーウィウス・アンドロニークス(二八三頃—二〇三頃)。最初のラテン文学作家。ギリシア文学を模倣・翻案して悲劇や喜劇を作った。

〃 9 二四〇年のこと。この時リーウィウスは高齢というわけではない。

〃 13 プブリウス・コルネーリウス・スキーピオー・ナーシーカ・コルクルム。一六二、一五五年の執政官、一五九年の監察官。法学の知識ゆえコルクルム(心)と綽名される。大カトーのカルターゴー殲滅すべしの主張には反対した。

五一 1 マルクス・コルネーリウス・ケテーグス。二〇四年の執政官。雄弁で名を馳せた最初期の人。

「説得の精髄」はエンニウス『年代記』九・三〇八(Skutsch)に見える表現。

〃3　Powell に従って、この後 quidem studia doctrinae quae を削除する。

一五

五三3　occaeco(隠す、見えなくする)から occatio(播き均し)という言葉ができたとするのは誤りで、occa(馬鍬)、occo(馬鍬で均す)の派生語とするのが正しい。

〃4　Powell の diffundit のところを diffindit と読む。

〃13　腋芽から新芽が伸びると元枝を芽の上下で切り、撞木状になったのを挿し穂にして増殖する挿し木法。

〃〃　地下茎から出た枝。これを切り取って挿し穂とする。

五四2　カトーの『農業論』は現存する。

〃5　ホメーロス『オデュッセイア』二四・二二六以下。トロイア戦争に出征したオデュッセウスは、二十年後にようやく故郷に帰り着く。母は悲しみのあまり世を去り、老父ラーエルテースは田舎で葡萄園の世話をしながら息子の帰還を待ち侘びている。

一六

五五1　最初の執政官の時(二九〇)に第三次サムニウム戦争を終結に導いた後、サビーニー人を破り、三度目の執政官の時(二七五)、ベネウェントゥムでピュッロス王を打ち破った。サムニウムについては、注四五7参照。

五五11　四五八年と四三九年(八十歳の時)の独裁官。独裁官は国家の危機に際して執政官により任命されて非常大権を握り、まず騎兵長官を指名した。

〃13　四三九年のこと。マルクス・ブルートゥス(カエサルの暗殺者)はアハーラを先祖と称した。

〃〃　騎士で大富豪。四四〇—四三九年の飢饉の際、穀物を放出して貧しいローマ人を救おうとしたが、王位を窺うものだと貴族派から弾劾された、と伝説に言う。

五六10　諺的な鄙びた言いまわしであるが、意味は不明。庭の野菜があれば肉が欠乏しても大丈夫、ということか。

一七

五七10　ソークラテースが語る対話篇。農業の喜び、体力を鍛え徳性を養う上での農業の重要性を説き、家政の要諦を論じる。

〃13　ソークラテースの対話の相手。以下の挿話は、『家政論』四・二〇以下に見える。

五八2　スパルタの将軍。アテーナイ海軍を破り(四〇五)、ペロポンネーソス戦争を終結に導いた。キューロスの盟友。

〃3　小アジア中部、古くリューディア王国の都で、ペルシア帝国の小アジア方面総督府。

〃　〃　アケメネス朝ペルシアの開祖大キューロスに対して小という。兄王に対して謀反を起こし、バビュローンに攻め上るが敗死(四〇一)。その傑物ぶりは、クセノポーン『アナバシス』に描かれている。

〃　6　正方形の区画に骰子の五つの目の位置に木を植え、これを前後左右に繋げていく。

五九　4　ガッリアの豪傑と戦うとき、烏(コルウス)に助けられたことからコルウィーヌスの綽名。六度も執政官となり、第一回(三四八)と第六回(二九九)の間に四十六年というのは何かの計算間違いか。

〃　7　古くは兵役解除の四十六歳が老年の始まりとされた。キケローの時代には六十歳くらいからを老年とした。

〃　11　第一次ポエニー戦争の英雄。二五八、二五四年の執政官。

六〇　5　マルクス・アエミリウス・レピドゥス。一八七、一七五年の執政官。二十七年間にわたり主席元老院議員であった。

一八

六二　14　たとえば春に行われる大ディオニューシア祭では、神官、政府高官《アルコーン》、名誉市民、戦没兵士の息子らの他、外国使節も観客席の最前列に特別席を与えられた。

六三　5　軍隊への指令、裁判での決定における最高権力で、執政官、法務官、独裁官、騎兵長官等だけがこれを帯びることができた。

六三 2　テレンティウス作、一六〇年上演の喜劇。田舎に住む兄の厳格流と都会の弟の甘やかし流の方針が主題となっている。

一九

六四 12　大カトーと最初の妻リキニアの間の子。一五二年、次期法務官として死去。大カトーはそれより二年前、八十歳の時に二度目の妻サローニアにより次男を儲けている。

〃 13　小スキーピオーの弟の一人は一六八年、父ルーキウス・アエミリウス・パウルスの凱旋式の五日前に十四歳で、もう一人は三日後に十二歳で死んだ。

六五 9　ヘーロドトス『歴史』一・一六三によるとタルテーッソス(スペイン南部、グアダルキビル川とグアディアナ川に挟まれた地、金属資源に富み、古くからフェニキア人やギリシア人に知られた)の王アルガントーニオスとある。ガーデースはジブラルタル海峡北西の交易地(現在のカディス)。

六六 1　劇の終わりにカントル(歌い手)と呼ばれる人が進み出て、客席に向かってこのような口上を述べた。

二〇

六七7　六世紀、アテーナイの政治家。政争を制して僭主となったが、三十六年間の統治は善政と言える。独裁権を狙う彼にソローンが抵抗することは、アリストテレース『アテーナイ人の国制』一四・二に見える。

六八4　プラトーン『パイドーン』六二Bでは、人間は檻の中に見張られている存在で、そこから逃げてはならぬとある(別解もあるが)。キケローはこの思想を見張りの軍務のイメージで語る。

〃6　プルータルコス『対比列伝』「ソローンとプーブリコラの比較」一に引用された詩は、「泣いてもらえぬような死は来ぬように。死んだなら、友には悲しみと嘆きを残したい」という。

六八10　エンニウス『エピグラム』九以下(Warmington)。

六九7　半ば伝説であるが、タルクイニウス・スペルブスを追放して王政を廃し、五〇九年、最初の執政官になった。

〃8　父プブリウス・デキウス・ムースは、三四〇年の執政官。ラティーニー人との戦いの際、一身を死者霊と大地に捧げて単騎敵中に斬り込んだ。同名の息子については、注四五9参照。

〃9　マルクス・アティーリウス・レーグルス。カルターゴー軍の捕虜になった時(二五五)、和平の条件をローマに持ち帰る使者にされたが、ローマでは抗戦を説き、約束どおりカルターゴーに戻って殺された。

〃10　二九節に現れるグナエウス及びプブリウス。

〃11　「お前」とは小スキーピオー。二一六年、カンナエ(イタリア東南部)でローマ軍はハンニバルに空前絶後の大敗を喫した。同僚執政官ガーイウス・テレンティウス・ウァッローは生き残った。

六九12 第二次ポエニー戦争の名将。遷延将軍ファビウスとは反対に、ハンニバルと正面きって戦うことを主張した。プルータルコス『対比列伝』の中に伝記がある。

〃12 注四〇11参照。

二一

七一6 プラトーン『ティーマイオス』四一D以下参照。

〃9 主にピュータゴラースとプラトーン。

七三2 プラトーン『パイドーン』がその日のソークラテースと弟子の対話の模様を伝える。

〃8 プラトーン『パイドロス』二四五C以下参照。

〃11 プラトーン『パイドーン』七八B以下参照。

〃14 プラトーン『パイドーン』七二E以下、『メノーン』八三A以下参照。

二三

七三3 『キューロスの教育』八・七・一七—二二より、キケローは魂の不死を説くのに都合のよいように取捨選択しつつ訳出している。

二三

七五 8　ギリシア神話中の人物。アイソーンからイオールコスの町の王位を奪ったが、アイソーンの息子イアーソーンとその妻メーデイアに復讐される。メーデイアは老羊を煮て若返らせる魔術を披露した後、ペリアースの娘たちに同じことを父親に行わせ、殺させた。したがって、キケローが「ペリアースのように」と記すのはやや不正確。

七六 5　人間の肉体も魂も原子の集合体で、死ねばばらばらの原子に解体して感覚もなくなる、とするエピクーロス派を指すと考えられる。

解　説

一　登場人物

『老年について』は原題『大カトー』に添えられた副題であったと思われるが、今日ではこれが主たる題名として扱われることが多い。この対話篇は一五〇年、八十四歳になるカトーが文武に秀でた二人の若者を屋敷に迎えて、自らの到達した境地から老いと死と生について語るという構想の下に進められる。まずこの対話篇の登場人物について簡単に説明しておきたい。

カトー

マルクス・ポルキウス・カトーは二三四年、ローマの南東二四キロメートルにあるトゥスクルムに生まれた。家名は元はプリスクス(古き、という意味)であったが、catusな(鋭い、抜け目のない)能力のゆえにCato(カトー)に改められたという。一八四年、監察官として行った綱紀粛正と贅沢禁止の施策の峻烈であったところからケンソーリウス(監察官の)なる綽名を得たが、俗に大カトーと呼び慣らわされるのは、曾孫でユーリウス・カエサルの政敵であった小カトー(ウティカのカトー、九五—四六年)と区別するためである。

カトーはサビーニー地方にある地所で農業に従事していたが、父も祖父も軍功を立てたことを誇りとし、自らも十七歳で初陣を果たす。二十歳でカプア方面へ従軍した時の指揮官クイントゥス・マクシムスに対する敬愛の念は、一〇節に述べられているが、農地の近くにはまたマーニウス・クリウス・デンタートゥス(一五、五五節参照)の別墅《べっしょ》があった。政府高官を出していない家から出たいわゆる「新人」でありながら何度も執政官に選ばれ、三度凱旋式を挙げたこの武人を、カトーは最大のローマ人と仰ぎ見て、しばしば訪れ、その質素な生活ぶりを学んだ。

サビーニー地方におけるもう一人の隣人、ルーキウス・ウァレリウス・フラックス

（四二節参照）がカトーの将来を変えることになる。フラックスはローマ政界で重きをなす貴族であったが、カトーの働きぶりと倹約な暮らし、それに何よりも村人のもめ事を捌く人望と弁舌の才を見込んで、彼を国政の舞台に押し出したのである。カトーは二〇四年には財務官となり、大スキーピオーの下でシキリアおよびアフリカに出征する。しかし、行軍中も従卒を煩わすことなく自分で武器を担ぎ、よほど体力の衰えた時に安い葡萄酒を飲む他は水しか飲まず、後に法務官となり執政官に登りつめてからも奴隷と同じ物を食べたカトーのことである。スキーピオーのギリシア文化愛好癖と、兵士に金をばらまく流儀には反感を覚えて、これが二人の根深い政治的対立の因となる。なお、カトーはサルディニア島で軍務に服するエンニウス（一〇節と注を参照）に出会い、その文才を認めてローマに連れ帰ったと伝えられるが、それはアフリカから帰国する時のことであった。

その後もカトーは一九九年平民造営官、一九八年法務官、と順調に名誉ある公職の階梯を登り、一九五年には恩人フラックスと共に執政官に選出される。そして任地に割り当てられたスペインにおいて、金銀の鉱山を確保し、四百に及ぶ町を陥れてローマの支配領域を拡げたが、凱旋将軍として帰国するに際し、軍馬はその地に残してきた。輸送費用を国家に浪費させないためだ、というのがカトーの理屈であったが、歴戦の友である馬をそのように扱うのは人間として余りに冷酷だ、とプルータルコスは批判している(『対比列伝』「大カトー」五)。動物でもそうだが、まして人間の場合、歳をとって働けなくなったからといって、永年尽くしてくれた奴隷を売り払うのは人間味に欠けるのではないか、とも伝記作家は記している。

カトーの軍功で最も顕著であったのは、一九一年、軍団副官としてギリシアに出征し、ペルシア戦争の古戦場テルモピュライにおいて、セレウコス朝シリアの王アンティオコス三世を打ち破ったことであるが、カトーの名を不朽にしたのは何といっても、監察官時代の秋霜烈日の如き職権の行使であった。一八四年、政治生活の完成とも言える監察官に再びフラックスと共に選ばれたカトーは、綱紀粛正と政敵排除に乗り出す。ルーキウス・フラーミニーヌスは執政官としてガッリアにあった時(一九二年)、人が殺されるところが見たいと娼婦にせがまれるまま、死刑囚を引き出してきて斧で刎《くびは》ねた(四二節と注を参照)。これはカトーにとって、愛欲に負けた醜行であると同時に許しがたい軍規違反でもあったが、ルーキウスの兄ティトゥスが監察官である間は罰することもできずにいた。そこでカトーは、自ら監察官の地位に就くや、ルーキウスを元老院から追放したのである。しかしこれは、モラルの頽廃に対する懲罰である以上に、親ギリシアの立場をとるフラーミニーヌス家に対する政治的攻撃でもあった。

大スキーピオーの弟ルーキウス・コルネーリウス・スキーピオーはアジア戦線で手柄を立てて「アシアーゲネース」の添名を与えられるが、カトーがこの人物を公金横領の廉で告発し、騎士の位を剝奪したのも、やはりスキーピオー家に対する敵意からであった。しかしマーニーリウスという男は、昼間娘の目の前で妻を抱擁したことを理由に元老院を追われたという。容赦のない粛清、公共事業請負人の利権を国家に取り戻す施策、贅沢品に対する法外な課税、と憎しみを買う理由には事欠かなかったけれども、カトーは自分に向けられる攻撃は卓抜な弁論術でことごとく斥けた。

カトーとスキーピオー家との反目は、その後解消されたと考えられる。カトーは最初の妻リキニアとの間に男子を儲けていたが、これをルーキウス・アエミリウス・パウルスの娘アエミリアと結婚させる。アエミリウス・パウルスは名だたる武人であり、大ス

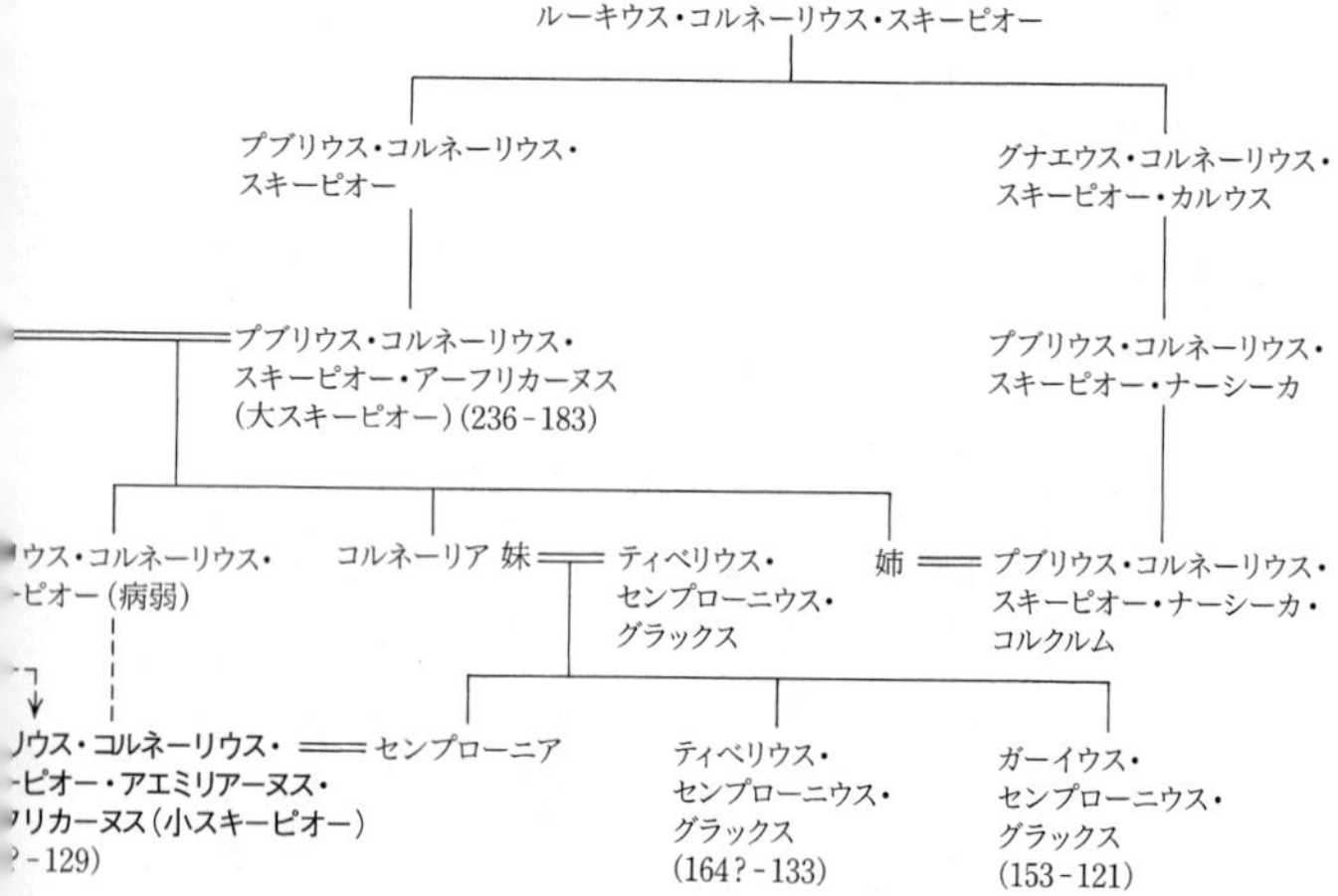

キーピオーとは義兄弟、しかも息子（のちの小スキーピオー）をスキーピオー家の養子に入れていた。パウルス家とスキーピオー家の結びつきは極めて強かったが、カトーも長男の結婚を通じてスキーピオー家の親戚になったわけである。

ところで、カトーは息子の結婚の後、自分の子分として働く庇護民の娘を二度目の妻に迎えた。対話篇の話者としてのカトーはソポクレースのエピソードを引いて、老齢がもはや情欲に苦しめられることがないのを宜しとしているが（四七節参照）、生身のカトーはそ

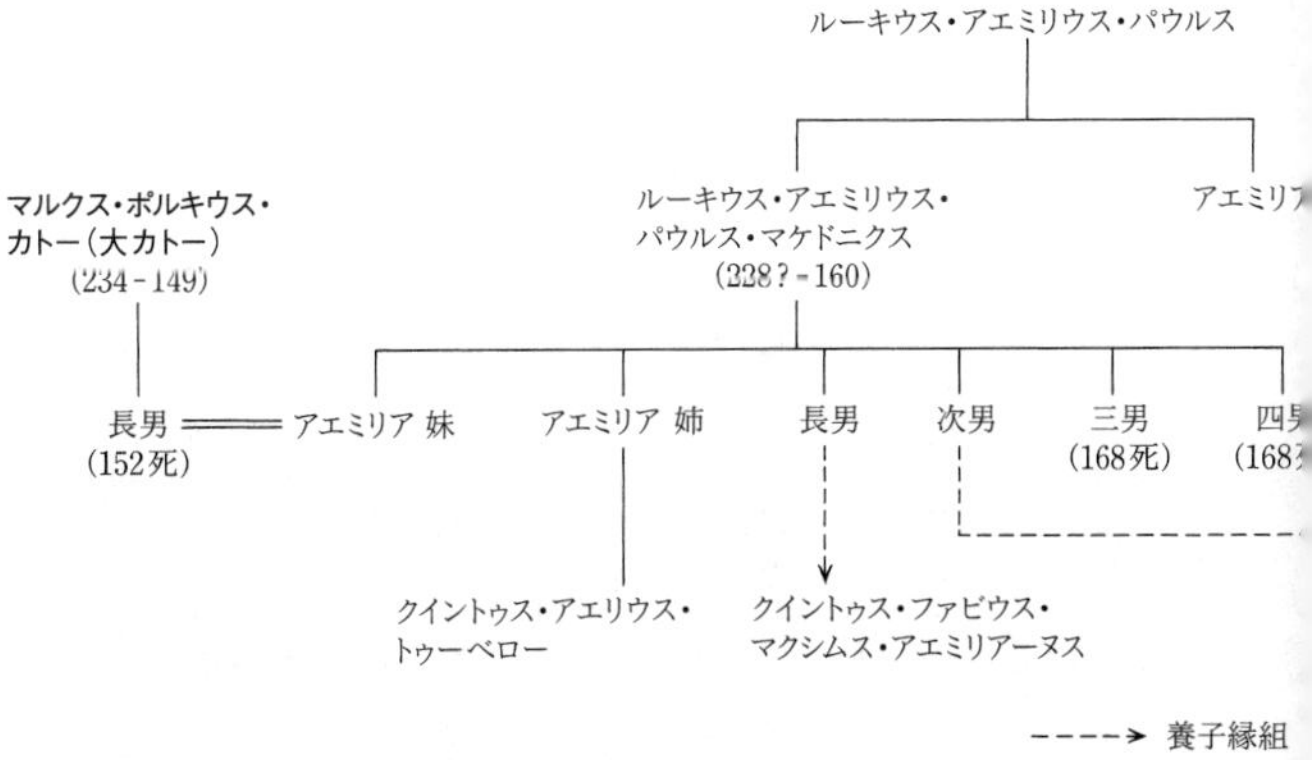

れほど枯れていなかったようである。八十歳で次男を儲けたのは、蓮如上人の八十三歳に比肩する。

　さて、任期一年半の監察官の後、カトーは顕職に就くことこそなかったが、政治的な影響力を揮い続けた。一五五年、アテーナイの政治使節の一行がローマにやって来た時のことである。アカデーメイア派のカルネアデース、ストア派のディオゲネース、逍遥学派のクリトラーオスらが哲学の講義でローマの若者たちを魅了したが、殊にカルネアデースの、同じ命題を肯定もすれば否定もしてみせる弁論術は彼らを狂喜させた。カトーはこのような事態を見て、青年たちが行動や戦争よりも弁論に名誉心を振り向けることを憂えて、ギリシア人を一刻も早く追い返すことを主張した。

一五三年には自ら使節としてカルターゴーに赴き、カルターゴーが第二次ポエニー戦争(二一八―二〇一年)の敗北と賠償金の支払いで疲弊するどころか、いまだにローマを脅かすに足るだけの資力と武器をもち、士気も高いのを目のあたりに見て、元老院における演説を必ず「カルターゴーは滅ぼされねばならぬ」の一句で締め括るようになったことはよく知られている。憑かれたようにカルターゴーの脅威を語るカトーの最晩年、一五〇年にこの対話篇は設定されている。第三次ポエニー戦争が始まったのは翌一四九年、カルターゴーに対する宣戦布告を見とどけて、カトーは世を去った。

カトーは当代きっての弁論家で、その弁論作品は百数十年後のキケローには百五十篇余りも知られていたが、現在残っているのは八十の断片のみである。エンニウスが「ラテン文学の父」と呼ばれるのに対して、カトーは「ラテン語散文の祖」と目されるように極めて多作であったが、その作品はほとんど失われてしまった。百科全書的知識を書物の形にして息子に与えたと伝えられるが、これは世事万般にわたる教訓や指針の集積であったと考えられる。ファビウス・ピクトルに始まるローマの歴史家は皆ギリシア語を用いたが、カトーは初めてラテン語で自国の歴史を書いた。ローマ建国から同時代までの歴史と、とりわけイタリア諸都市の起源や習慣を誌した『起源』(三八節参照)は死の間際に至るまで書き続けられた大作であるが、今日断片しか残らない。完全な形で伝わるのは『農業論』だけで、これはワインとオリーブ油の生産で成功するための心得を中心に、中規模農場の経営者に対する教えを雑然と書き綴ったものである。

カトーはギリシア嫌いのポーズをとり続け、ギリシアに長く滞在する時も、ギリシア語ができるにもかかわらず通訳を使った。ローマ古来の質実剛健の風を尊び、ギリシア文化の流入を憎む国粋主義者であったが、実は多方面のギリシア文献をよく読んでいたことが著作や断片から窺えるのである。

スキーピオー(小スキーピオー)

ザマの決戦でハンニバルを破り、第二次ポエニー戦争を勝利に導いて「アーフリカーヌス」の尊称を得た祖父が大スキーピオーと呼び慣らわされるのに対し、第三次ポエニ

―戦争でカルターゴーを破壊し尽くし、同じく「アーフリカーヌス」の添名を得た孫養子は小スキーピオーと呼ばれる。

小スキーピオーは名高い武人の子として生まれ、ローマきっての名門に養子に入った。父アエミリウス・パウルスはピュドナの戦(一六八年)でマケドニア王ペルセウスを破った武将として名高いが、二度目の妻により三男、四男を儲けた後、最初の妻による長男をファビウス・マクシムス家に、次男をコルネーリウス・スキーピオー家に養子に出した。他家に出た長男と次男は父親の指揮下にピュドナで戦い手柄を立てるが、家に残った三男と四男は、父の凱旋式の前後に十四歳と十二歳で世を去るのである(六八節参照)。アエミリウス・パウルスはマケドニア王朝を滅ぼした後、戦利品を兵士にばらまかなかったために不評を買ったが、獲得したものは全て国家に納めて私腹を肥やすことは些かもなかった。ただ、彼はギリシア文化に対する理解も持ち合わせており、息子の教育のためにペルセウス王の蔵書だけはわがものとしたと伝えられる。

アエミリウス・パウルスは姉妹を介して大スキーピオーと義兄弟であったが、大スキーピオーの長男は病弱で公務に耐えぬため、父の親友であるパウルスの子で、自分の従兄弟にもあたる男子と養子縁組を行った。これがアエミリウス一門からコルネーリウス一門のスキーピオー家に入ったプブリウス、即ち小スキーピオーである。小スキーピオーは一八五年頃に生まれ、一六八年に実父アエミリウス・パウルスに従いギリシアで戦い、一五一年には軍団副官としてスペイン遠征に志願して大功を立てた。若き武人としての名声の高まりつつある一五〇年に、彼が大カトーの屋敷を訪れ「老年について」の談話を聞く、というのが本書の設定であった。名誉ある公職の階梯を跳び越え、通常四十三歳とされる年齢を待たずして執政官に選ばれるのはこの後の一四七年、そして第三次ポエニー戦争の指揮権を与えられ、大カトーの予言(一九節参照)どおりカルターゴーを滅ぼすのは一四六年である。

小スキーピオーは軍事に秀でたばかりでなく、深い教養をも備えていた。「スキーピオー・サークル」なるサロンのようなものが形づくられていたとするのは後代の想像にすぎぬとしても、彼が詩人や哲学者と好んで交わり保護したのは事実である。交友を伝えられる人物としては、次に述べるガーイウス・ラエリウス、アフリカ出身の喜劇作家テレンティウス、諷刺詩人ルーキーリウス、ギリシア人ではストア派の哲学者パナイティオス、政治的人質としてローマに住みながらスキーピオーの師でもあった歴史家ポリュビオスらがいる。キケロー『国家について』の登場人物の中心はこのスキーピオーであり、六巻九節以降の壮大なビジョンは「スキーピオーの夢」として知られているが、この作品では国家と政治についてのスキーピオーの考察がかなり忠実に伝えられていると推定されているのである。

ラエリウス

ガーイウス・ラエリウスは政治家としても法務官(一四五年)、執政官(一四〇年)と名誉公職の階梯を登りつめているが、史上名を残すのは小スキーピオーの莫逆の友としてである。二人の仲は、「彼らのあいだに友情のいわば掟のようなものがあって、戦時においてラエリウスがスキーピオーを絶大な武勲のゆえに神のごとく敬い、平時には入れ替わってスキーピオーが年長者であるラエリウスを父親のごとく尊敬していた」と描写されている(キケロー『国家について』一・一八、岡道男訳)。ラエリウスは一五五年、ギリシアから使節としてやって来た哲学者、とりわけストア派のディオゲネースの議論に傾倒し、同じくストア派のパナイティオスの著作を世に広めるのに尽力した。このような哲学者との親炙ゆえに彼は「賢人」の綽名を得た。そして小スキーピオーとの友情の故に、キケロー『友情について』の主なる話し手に選ばれたのである。

アッティクス

対話篇の登場人物ではないが、キケローがこの『老年について』を献じようとする人物についてもここで触れておきたい。

ティトゥス・ポンポーニウス・アッティクスは一一〇年、血筋を溯ればローマ二代目の王ヌマ・ポンピリウスに至るという騎士の家に生まれた。キケローの四歳年上の竹馬の友で、夙慧《しゆくけい》の誉れが高かった。八五年、内乱のローマからギリシアのアテーナイ(アッティカ地方)に財産を移し、約二十年にわたりそこで生活したことから、アッティクスの綽名を得る。その間、閑雅な文人の生活を送ると共に、事業の才も発揮して大富豪となり、しばしばアテーナイの財政危機を救ったばかりか、はるかなローマの知己に対しても資金援助を絶やさなかった。乱世を生きのびる本能に長け、ローマに帰った後もいかなる政治的立場にも与することなく、しかも皆から愛された。国家の敵としてイタリアを追われていたマルクス・アントーニウスが第二回三頭政治で権力の座に戻るや、政敵キケローは処刑されるが、アッティクスはかつての恩義ゆえに許された。その後も彼は、覇権をかけて争うアントーニウスとオクターウィアーヌスの双方から慕われたという。アッティクスの娘はオクターウィアーヌスの腹心マルクス・アグリッパに嫁いだし、孫娘は生まれたその年に、オクターウィアーヌスの養子ティベリウス・クラウディウス・ネロー(後のティベリウス帝)の許嫁にされたほどであった。

アッティクスとキケローの友情は、キケローの弟クイントゥスとアッティクスの妹ポンポーニアの縁組によって、そしてまた、十六巻四二六通が伝存するキケローの『アッティクス宛書簡集』によって知ることができる。アッティクスは多くの写字奴隷を抱え、キケローの著作を世に広め後世に伝えることに尽力するが、キケローの刑死後十年余りを生き、腸の病を得る。腰部の潰瘍が膿を出し、治療は苦痛を養うだけだと思い定めて、自ら食を断って生を終えた。

二　執筆時期

四五年という年はキケローの生涯で最も苦しく、しかしまた最も豊饒な年であった。カエサルが軍隊を率いてルビコーン川を渡り、イタリアをまたも内乱に陥れたのが四九年一月、パルサーロスの戦でポンペイウスを破ったのは四八年八月のこと。カエサルの頑強な敵であった小カトーが四六年四月に自殺し、四五年三月ムンダの戦で共和派が壊滅すると、カエサルの終身独裁官就任は時間の問題かと見られた。逡巡しながらもポンペイウスに与したキケローは、共和政ローマの回復と自らの政治の舞台への復帰に絶望していた。蟄居同然の家庭生活においても、三十年間連れ添った妻のテレンティアと四六年はじめ(?)に離婚、信愛する弟とも一時疎遠になり、四五年二月には愛してやまぬ娘トゥッリアを失い、再婚したばかりのプブリリアとも間もなく別れた。キケロー六十一歳の時である。

このような状況の中で、キケローは自らを慰め苦しみを緩和するために、同時に、ギリシアの哲学をローマの同胞に伝えるために、夜も眠らずに哲学の著述に没頭する。この間の事情は『占いについて』第二巻の序文に記されているが、それによると、できるだけ多くの人々に、即ち国家のために役立つには哲学という最高の学問を紹介するに若くはないと考えて、順序だてて書き進めたという。まず『ホルテンシウス』(断片のみ伝存)で哲学の勧めを説き、『アカデーミカ』四巻でキケローの宜しとする哲学大系を提示し、『善と悪の究極について』五巻で究極善と究極悪の定義を行い、『トゥスクルム荘対談集』五巻で幸福に生きるためには徳だけで十分であることを説き、最後に『神々の本性について』論じた。その議論を咀嚼敷衍するために『占いについて』に取りかかったのであり、続いて『運命について』も書く予定であるという。

『占いについて』の完成はカエサル暗殺(四四年三月十五日)以前とする説と以後とするものがあるが、いずれにせよ約一年の間にこれだけのものが書かれたのである。『占いについて』第二巻の序文は続けて、キケローが国政に参与していた時の作品『国家について』六巻と愛娘《まなむすめ》の死後に書かれた『慰め』のタイトルを挙げた後、「更に、最近『老年について』を哲学的著作に加えた」と記している。『占いについて』の成立時期と「最近」の意味するところが曖昧であるが、執筆時期を推定させる手がかりがもう一つある。

それは四四年五月十一日付のキケローの書簡である（『アッティクス宛書簡集』一四・二二）。この中でキケローは、カエサル暗殺は余りにも子供じみた軽挙で、独裁者が殺されてもその志を継ぐ者（アントーニウス）がいるではないかと憤り、戦争間近しと思える情勢の中で老年がますます自分を怒りっぽくするので、「あなたに献じた『大カトー』を私はもっと頻繁に読まなければならない」と認《したた》めているのである。ここから『大カトー（老年について）』の執筆は五月十一日以前と知られるが、三月十五日の前か後かとなると推測するしかない。本書の冒頭で、キケローは「昨今の情勢に激しく動揺することがある」と打ち明けているが、もしこれがカエサル暗殺後のローマの情勢だとするならば、そのことに一切触れられていないのは不思議なようにも思われる。また、『老年について』では政治的な影響力も保持する充実した老年、農村生活の喜び、来世への安心、が描かれているが、刺客に怯え、農業には携わらず、政治からも締め出されている今のキケローからは、これらは最も遠いものである。カエサルが姿を消せばキケローも前執政官として政界に復帰できるのであるから、これが書かれたのはやはりキケローの絶望のなお深かった時期、カエサル暗殺以前の四四年はじめと考えるのがよいのではなかろうか。

三　作品について

老いについての言及はギリシア・ラテン文学に連綿と見出される。ホメーロス『イーリアス』には人間の三世代を閲《けみ》し、豊かな経験に裏打ちされた発言には一目置かれるネストールが登場するが(三二節参照)、『イーリアス』では老年にかかる枕詞は「いまいましい、辛い、いぶせき」であることが多い。「老いの敷居に立つ」という表現も目を惹くが(『イーリアス』二二・六〇、二四・四八七)、その意味は壮年から老いへの敷居か、老年からあの世への敷居か、老いという敷居、即ち老いそのものか、解釈は分かれる。いずれにせよこれは、老人が若者に老いへの斟酌と憐れみを求める時に用いられている。

ヘーシオドス『仕事と日』一〇六行以下で語られる「五時代説話」では、老いが時代を特徴づけるキーワードの一つになっている。金の種族の人間は苦労も悲しみも老いも知らず眠るが如くに死んでいき、銀の種族の人間は百年の間子供のままで母に養われ、成長するや僅かの間しか生きなかった。そして、青銅と英雄を挿んで最後の鉄の種族の人間は、子が顳顬《こめかみ》に白髪を生やして生まれるようになればゼウスに滅ぼされるであろう、という。これは金の種族には老いがなく、銀の種族には老いは遅く来て短く、鉄の種族の行く末には早く来て長い老いが待ちうけている、ということであろうか。ここでは老いに対する否定は甚だ強いと言わねばならない。

青春の美を謳いあげる詩人は多いが、老いの惨めさを嘆くことではミムネルモス(七世紀後半)が代表格であろう。その詩を一つだけ紹介しておこう。

黄金のアプロディーテーのないところ、何の人生、何の喜びぞ。
密かな恋、心をくすぐる贈物、交わす枕、
そんなものに心騒がぬようになったなら、死んだがましさ。
それこそが、男にも女にも、心ときめく青春の花なのだ。
いたわしい老年がやって来て、
見苦しくねじけた年寄りになったなら、

碌でもない物思いに、心をすり減らされるばかり。
お天道様を見ても心楽しまず、
子供には嫌われ、女には侮られる。
老年のいたましさはかくばかりに、神はしたもうた。（『エレゲイア詩集』一、West）

伝存するギリシア悲劇三十三篇の中には老年を主題にしたものはないが、合唱隊《コロス》を老人に務めさせる劇は八篇ある（アイスキュロス『ペルシアの人々』『アガメムノーン』、ソポクレース『アンティゴネー』『オイディプース王』『コローノスのオイディプース』、エウリーピデース『アルケースティス』『ヘーラクレースの子供たち』『ヘーラクレース』）。女性の役が合唱隊を形成する劇はさらに多く二十篇に及ぶが、嘆願する女や捕虜の女たちが自分で運命を切り開くことのできない弱き者として登場するように、老人も社会的弱者と見なされているのであろう。

クセノポーンの伝えるソークラテースは老年について驚くほど常識的な意見を洩らしている。「国家の認める神を信ぜずして新しい神を導入し、かつ青年を堕落させている」

という廉で死刑を求刑されたソークラテースは、弁明を用意するよう弟子から勧められても、自分のこれまでの生き方が何よりの弁明だとして取りあわなかったが、続けてこんなことを言う。

「もしわたしがこれ以上長く生きるならば、否が応でも老年の付《つけ》を払わねばならないだろう。目や耳が衰え、考えも鈍り、物覚えはますます遅く、物忘れは速くなって、以前は勝っていた人に負けるようになるのだ。それに、もしこういったことに気づかずにいても、生きていくのが難しくなるだろうし、気づいていればいっそう惨めで楽しみのない人生にならずに済もうか」(『ソークラテースの思い出』四・八・八)。

ここまでのギリシア文学は概ね老年に関して悲観的であった。アリストテレースの弟子テオプラストス(三七〇年頃生まれ)にも孫弟子パレーロンのデーメートリオス(三五〇年頃生まれ)にも『老年について』と題する著作があったと伝えられるが、内容は不明である。アリストーンの老年論も失われたが、老い凋んで声だけ発する蟬になったというティートーノスを語り手としていることからすると、やはり暗い老年が語られていたのではないかと想像される(三節と注を参照)。してみると、キケローの『老年について』は、少なくとも現存するギリシア・ラテン文献の中では、老年を謳いあげた最初の書物ということになる。これ以後には、セネカの『道徳書簡』(一二、二六、三〇等)やプルータルコス『老人の政治参加』が、老年に関してキケローとよく似た見解を述べることになるが、この主題の余すところなき展開ということでは『老年について』とは比ぶべくもない。

『老年について』は対話の形式を採るが、プラトーンの作品とは大いに趣を異にする。プラトーンの対話篇では——『法律』を除いて——師のソークラテースとその同時代人が登場して、主張し、吟味し、次の段階に進むという具合に、共同して哲学的問答《ディアレクティケー》を成立させていくのに対して、キケローの場合には、遠い昔の偉人がほとんど独り語りするのである。この意味では、キケローはプラトーンよりもクセノポーンにより多く負うているのかも知れない。クセノポーンの『キューロスの教育』では、歴史上のキューロスが理想的君主として描かれ、滔々と教訓を語るのであるから。

しかし、キケローがやはりプラトーンともクセノポーンとも異なるのは、『老年について』で示した単純明快な構成である。ここでは親友アッティクスへの献辞(一—三節)

が終わると、まず「序章」(四—一四節)で主題が提示され、続いて「主題の分類」(一五節)で老年が惨めだと見なされる四つの理由が列挙される。最後に、その四点を逐一反論していく形で「結論」(一五—二六、二七—三八、三九—六五、六六—八五節)が述べられる。この構成はキケローが弁論作品を組み立てる時のものとまさに同じである。キケローはギリシアの哲学をローマに伝えることに努めたが、秀れた思想は適切な構想の下に美しく表現されなければならないと考えていたので、哲学と修辞学の統合を志した。『老年について』もその一つの実践に他ならないのである。

『老年について』にはローマの古史とギリシアの文物に関するキケローの学識が惜しみなく傾注されているが、それが些かも押しつけがましい感じを与えないのは、キケローの学識がローマ人の埋想を指し示す範例《エクセンプルム》に姿を変えて、カトーの口から淡々と語られるからであろう。カトーは更にその主張を分かりやすいものにするために、人の命を植物の生になぞらえ、芝居の比喩を多用する。人生を芝居に喩《たと》えることはヘレニズム時代に好んで行われたが、本書でも五、四八、六四、七〇、八五節などでそれが効果をあげている。

大地から生まれ自然の力によって育ちゆくものへの驚異の念は、五一節以下で瑞々しく語られるが、農業への言及で忘れられないのは、「次の世代に役立つようにと木を植える」というカエキリウス・スターティウスからの引用である(二四節)。類似の考えは他でも見られる。ウェルギリウスは「ダプニスよ、梨の木を接ぎ木せよ、その実は子孫が摘みとるだろう」(『牧歌』九・五〇)と歌い、セネカは「老人として、他人のためにオリーブ園を植えぬ者はない」(『道徳書簡』八六・一四)と記す。トルコの民間伝承の知恵者ナスレッディン・ホジャも、稲を植えていて、それが実る頃にはお前は蛆虫の餌になっているだろうとからかわれて、「子孫のために植えている。ちょうど先祖が私のために植えてくれたように」と答えている(A. Wesselski, hrsg., Der Hodscha Nasreddin, Weimar, 1911, Nr. 516)。

キケローはしかし、つつましい農夫の無私の精神を称えるためにのみこの一行を引用しているのではなさそうである。彼は『トゥスクルム荘対談集』一・三一でも同じ一行を紹介しているが、そこは魂の永生不死を説くところであった。八二節では、古の勇士が後の世まで記憶されるような偉業を数多くなしとげたのも、カトーが不滅の誉れを求めて奮闘してきたのも、魂が不死であるからに他ならないとされる。しかしまた逆に、肉体が滅びて魂が真の生に入り、賢哲の魂の寄り集う神聖な場に赴くことができるためには、生前の努力が必要なのではないか。農夫は、受け継ぎそして送り渡すようにという神々の命令に従って植えるが、これによって木は子々孫々に伝わっていく。木を植えるというのは、真に魂を不死にするために人間が従わねばならない生き方のことを言うのであろう。

＊　　＊　　＊

J. G. F. Powell, Cicero : Cato Maior De Senectute, Cambridge University Press, 1988.

E. S. Shuckburgh, Cato Maior. A Dialogue on Old Age by M. Tullius Cicero, Macmillan, 1969 (1886).

C. Meissner, M. Tulli Ciceronis Cato Maior De Senectute, B. G. Teubner, 1917.

Ch. E. Benett, Cicero. On Old Age (De Senectute), Bristol Classical Press, 1985

(1922).
Th. M. Falkner & J. de Luce, edd., Old Age in Greek and Latin Literature, State University of New York Press, 1989.
B. E. Richardson, Old Age among the Ancient Greeks, Baltimore, 1993.
H. Brandt, Wird auch silbern mein Haar. Eine Geschichte des Alters in der Antike, München, 2002.
ジョルジュ・ミノワ『老いの歴史　古代からルネサンスまで』大野朗子・菅原恵美子訳、筑摩書房、一九九六年。

翻訳にあたってはPowell校訂本を底本とし、その読みに従わない時は注記した。注解を施すにあたってはPowellに負うところが最も大きく、続いて記した三冊も随時参照した。ギリシア・ラテン文学に現れる老年観を通観するものとして、Falkner & Luce以下の四冊を挙げておく。なお、訳者の気づいたところでは、邦訳としてはこれまでに次のものが刊行されている。

斉藤為三郎訳『大カトー　一名老年論』生活社、一九四三年。
岩崎良三訳『老年に就いて』摩耶書房、一九四八年。
吉田正通訳『老境について』岩波文庫、一九五〇年。
呉茂一・重田綾子訳『大カトー　一名老年について』河出書房新社、一九五九年。
八木誠一・八木綾子訳『老年の豊かさについて』法蔵館、一九九九年。

いわゆる少子化・高齢化社会に入った今日の日本で、タイトルに「老い」をあしらった書物の刊行が少なくない。そのようなものの中から、訳者の琴線に触れたものだけ記しておきたい。

フォースター、小野寺健編『老年について』(みすず書房、二〇〇二年)。書名ともなっているエッセイはフォースター七十八歳の筆になるもので、訳書で僅か八頁の小品ながら、さすがに老年の諸相を尽くしている、と五十六歳の訳者には思える。「人の死に正しい悲しみ方をした者がいるかと言えば、ギリシア人がそうだった。ギリシア人は泣き、立ちなおり、追想した」という。

マルコルム・カウリー、小笠原豊樹訳『八十路から眺めれば』(草思社、一九九九年)は著者八十二歳の時の作品。具体的な人物を多数登場させながら論じるスタイルは、キケロー『老年について』にやや似ている。

鶴見俊輔編『老いの生きかた』(筑摩書房、一九八八年)は、六十六歳の編者より若い人から遥かに年長けた人までの文章一八篇を収める。自らの老いに、あるいは老い一般について思索をこらす文章よりむしろ、親しい人の老いを投げ出して見せる文章に心揺すぶられる。

安西篤子『老いの思想』(草思社、二〇〇三年)は著者七十六歳の作。孔子の大いなる不遇やゲーテの豊饒な稔りから、宮本常一『家郷の訓』に語られるわれわれの先祖の老いまで、一二の老いの姿が紹介されるが、いかに老いるかというのはいかに生きるかに他ならぬ、というのが本書のメッセージであるようである。

本訳書は岩波書店版「キケロー選集　9」(一九九九年一二月)に収められた『大カトー・

老年について』の文庫化であるが、「選集」から独立させるに伴い必要となった手入れと加筆を行った。文庫化にあたり、「選集」の付録であった「年譜」の再録をお許し下さった作成者の兼利琢也氏、細やかなご配慮を賜った岩波書店の塩尻親雄氏に衷心よりお礼を申し上げる次第である。

中務哲郎

二〇〇三年一一月

人名索引

この索引は『老年について』に登場する人名および神話上の人物を含む．ただし，本篇の対話者については解説で述べ，索引では対象としていない．

人名には簡単な説明を施した後，それが現れる箇所を示す．太字で印字した節には訳注が施されている．

同一人名が何人か現れる場合には，人名の後に(1)(2)……を付して区別する．

ローマ人の名前は普通三つの要素から成る．マルクス・トゥッリウス・キケローの場合，マルクスが個人名，トゥッリウスは氏族名，キケローは家名を表す．プブリウス・コルネーリウス・スキーピオー・アエミリアーヌス・アーフリカーヌス(小スキーピオー)は，アエミリウス家からスキーピオー家に養子に入り，従ってコルネーリウス一門の人となったプブリウスを表す．アーフリカーヌスはアフリカでカルターゴーを破ったことに対する名誉の添え名である．

多くの要素から成るローマ人名をどの部分で立項するかは，多分に慣例に従っている．その慣例も揺れ動いているので，随時見よ項を設けて検索の便を図った．

ア　行

アイアース　ホメーロス『イーリアス』中アキレウスに次ぐ勇将．　31

アエミリウス，ルーキウス　→パウルス，ルーキウス・アエミリウス

アエリウス・パエトゥス・カトゥス，セクストゥス　198年の執政官．博学の法律家．　**27**

アキーリウス，マーニウス　→バルブス

アッティクス，ティトゥス・ポンポーニウス　本篇を献呈されたキケローの友人．　**1**

アッピウス　→クラウディウス

アティーリウス，マルクス　→レーグルス

アハーラ，ガーイウス・セルウィーリウス・ストルクトゥス　439年の騎兵長官．スプリウス・マエリウスの暗殺者．　**56**

アーフリカーヌス　→スキーピオー・アーフリカーヌス・マイヨル

アポローン　ギリシア神話の預言神．デルポイの神託所の本尊．　78

アリステイデース　アテーナイの政治家．綽名は正義の人．　**21**

アリストーン　3世紀末(?)のギリシアの哲学者．　**3**

アルガントーニオス　6世紀末(?)のタルテーッソスの王．　**69**

アルキュータース　4世紀前半のピュータゴラース派の哲学者．　**39**, 41

アルビーヌス，スプリウス・ポストゥミウス(1)　334, 321年の執政官．サムニウム人に敗れた．　41

アルビーヌス，スプリウス・ポストゥミウス(2)　186年の執政官．　7

アンビウィウス・トゥルピオー，ルーキウス　2世紀前半の人気俳優．　48

イソクラテース　アテーナイの弁論家．修辞学校を開く．　**13**, 23

ウェトゥリウス・カルウィーヌス，ティトゥス　321年の執政官．カウディウムの峡谷でサムニウム人に敗れる．　41

ウォコーニウス・サクサ，クイントゥス　ウォコーニウス法を提出．　**14**

エピクーロス　4, 3世紀のギリシアの哲学者．原子論・快楽主義的倫理学説で知られる．（「自分を賢者と名のる人物」として言及される）**43**

エンニウス，クイントゥス　ギリシア文学に学び「ラテン文学の父」と称えられる．　**10**, 14, 16, 50, 73

カ　行

カエキリウス・スターティウス　ギリシア新喜劇の翻案で名高いローマの劇作家．　**24**, 25, 36

カエピオー，グナエウス・セルウィーリウス　169年の執政官．　14

カトー，マルクス・ポルキウス　本篇の話者大カトーの長男．　84（「息子」として言及さ

れる)**15, 68**
カミッルス，ルーキウス・フーリウス　349年の執政官．　41
カーラーティーヌス，アウルス・アティーリウス　258, 254年の執政官．第1次ポエニー戦争の英雄．　61
カルウィーリウス・マクシムス，スプリウス　234, 228年の執政官．　**11**
ガルス，ガーイウス　→スルピキウス
ギガンテス　ギリシア神話の巨人族．オリュンポスの神々に挑んで敗れた．　5
キーネアース　テッサリア出身の雄弁家．デーモステネースの弟子．　**43**
キューロス(大)　キューロス2世(大王)，アケメネス朝ペルシアの開祖．　**30**, 32, 79, 82
キューロス(小)　5世紀末のペルシアの王子．　**59**
キンキウス・アリメントゥス，マルクス　204年，護民官としてキンキウス法を提出．　**10**
クインクティウス・キンキンナートゥス，ルーキウス　458, 439年の独裁官．　**56**
クセノクラテース　ギリシアの哲学者．プラトーンの弟子，アカデーメイアの学頭(339-314)．　23
クセノポーン　ギリシアの文筆家．ソークラテースの弟子．　**30**, 46, 59, 79
クラウディウス・カエクス，アッピウス　307, 296年の執政官．アッピウス街道を建設．　**16**, 37
クラウディウス・クラッシヌス・レーギッレンシス，アッピウス　349年の執政官．　41
クラッスス・ディーウェス，プブリウス・リキニウス　212-183年の大神祇官，205年の執政官．法学者．　**27**, 50, 61
グラブリオー，マーニウス・アキーリウス　191年の執政官．　32
クリウス・デンタートゥス，マーニウス　290, 284(補欠), 275, 274年の執政官．古き良きローマ人の典型．　**15**, 43, **55**, 56
クリトブーロス　クセノポーン『家政論』でのソークラテースの話し相手．　59
クレアンテース　4, 3世紀のギリシアの哲学者．ストア派の

ゼーノーンの弟子.　23
ケテーグス，マルクス・コルネーリウス　204年の執政官. 雄弁で名を馳せた最初期の人.　10, **50**
ケントー，ガーイウス・クラウディウス　240年の執政官.　50
コルウィーヌス，マルクス・ウァレリウス　348-299年に6度執政官.　**60**
ゴルギアース　シキリアで発展した弁論術をアテーナイに伝えた大弁論家.　**13**, 23
コルンカーニウス，ティベリウス　280年の執政官，平民出身で最初の大神祇官(254). 法律家.　**15**, 27, 43

サ　行

サリーナートル　→リーウィウス・サリーナートル
シモーニデース　ギリシアの合唱抒情詩の大家.　**23**
スキーピオー・アーフリカーヌス・マイヨル，プブリウス・コルネーリウス(大スキーピオー)　205, 194年の執政官. 本篇登場人物小スキーピオーの祖父. ザマの戦(202)でハンニバルを破る.　**13**, 29, 35, 61, 82　(「祖父」として言及される)**19**, 34
スキーピオー・カルウス，グナエウス・コルネーリウス　222年の執政官. 大スキーピオーの伯父.　29, 75　(「伯父」として言及される)82
スキーピオー・ナーシーカ・コルクルム，プブリウス・コルネーリウス　162, 155年の執政官. 法律の大家.　**50**
スキーピオー，プブリウス・コルネーリウス(1)　218年の執政官. 大スキーピオーの父.　29, 75　(「父」として言及される)82
スキーピオー，プブリウス・コルネーリウス(2)　大スキーピオーの子. アエミリウス家から小スキーピオーを養子にとる. 病弱ゆえ公の活躍はできなかった.　(小スキーピオーを「養子にしたあの男」として言及される)35
スターティウス　→カエキリウス
ステーシコロス　ギリシアの合唱抒情詩の完成者.　**23**
スルピキウス・ガルス，ガーイウス　166年の執政官. 天文学者.　**49**
ゼーノーン　4, 3世紀のギリシアの哲学者. ストア派の創始

者.　23
ソークラテース　アテーナイの哲学者．プラトーンの師.　**26**, 59, 78
ソポクレース　ギリシア三大悲劇詩人の一人．7篇が現存.　**22**, 47
ソローン　アテーナイの政治家・詩人．ギリシア七賢人の一人.　**26**, 50, 72, 73

タ　行

ディオゲネース　3, 2世紀のギリシアの哲学者．ストア派の学頭.　**23**
ティートーノス　ギリシア神話で曙の女神に愛された美青年.　**3**
デキウス・ムース，プブリウス　(1)　340年の執政官．ローマの烈士.　**75**
デキウス・ムース，プブリウス　(2)　前項の人物の同名の息子．312, 308, 297, 295年の執政官．ローマの烈士.　**43**, 75
テミストクレース　アテーナイの政治家・将軍．サラミースの海戦(480)を勝利に導く.　**8**, 21
デーモクリトス　5, 4世紀のギリシアの自然哲学者．原子論で知られる.　23
ドゥイーリウス，ガーイウス　260年の執政官．カルターゴー海軍を破る.　**44**
トゥディターヌス，プブリウス・センプローニウス　204年の執政官.　10
トゥディターヌス，マルクス・センプローニウス　240年の執政官.　50

ナ　行

ナエウィウス，グナエウス　ローマの詩人．叙事詩・悲劇・喜劇等を書くが散逸した.　**20**, 50
ネアルコス　タレントゥムの人．カトーの友人.　41
ネストール　ホメーロス『イーリアス』中最高齢の英雄.　**31**

ハ　行

パウルス・マケドニクス，ルーキウス・アエミリウス　182, 168年の執政官．小スキーピオーの実父．ピュドナの戦(168)でマケドニア王ペルセウスを破る.　**15**, 61, 82　(「父」として言及される)　77, 83
パウルス，ルーキウス・アエミ

リウス 219, 216 年の執政官. 小スキーピオーの祖父. **29**, **75**, 82
バルブス, マーニウス・アキーリウス 150 年の執政官. 14
ハンニバル カルターゴーの将軍. 第 2 次ポエニー戦争でローマを窮地に追い込む. **10** (「残虐無比の敵」として言及される)75
ピュータゴラース 6 世紀のギリシアの哲学者・数学者・宗教家. 23, 33, 38, 73, 78
ピュッロス エーペイロス(ギリシア西北部)の王. イタリア半島のギリシア人を後援してローマと戦った. **16**, 43, 55
ピリップス, クイントゥス・マルキウス 186, 169 年の執政官. 14
ファビウス・マクシムス・クンクタートル, クイントゥス 233, 228, 215, 214, 209 年の執政官. 綽名クンクタートル(遷延将軍). **10**, 11, 13, 15, 39, 61
ファブリキウス・ルスキヌス, ガーイウス 282, 278 年の執政官. 清貧厳格でローマ人の一典型とされる. **15**, 43
プラウトゥス, ティトゥス・マッキウス ローマ最大の喜劇作家. **50**
フラックス, ルーキウス・ウァレリウス カトーの友人. 執政官(195)も監察官(184)もカトーと同年に務めた. **42**
プラトーン アテーナイの哲学者. アカデーメイア派の祖. **13**, 23, 41, 44, 78
フラーミニウス, ガーイウス 232 年の護民官, 223, 217 年の執政官. **11**
フラーミニーヌス, ティトゥス・クインクティウス(1) 198 年の執政官. マケドニアのピリッポス 5 世を破る(197). **1**, 42
フラーミニーヌス, ティトゥス・クインクティウス(2) 前項の人物の同名の息子. 150 年の執政官. 14
フラーミニーヌス, ルーキウス・クインクティウス フラーミニーヌス(1)の弟. 192 年の執政官. 42
ブルートゥス, ルーキウス・ユーニウス ローマの愛国者. 509 年最初の執政官. **75**
ペイシストラトス 6 世紀のアテーナイの政治家. **72**
ヘーシオドス ギリシアの叙事

詩人.『神統記』『仕事と日』の著者.　**23**, 54
ペリアース　ギリシア神話でメーデイアの魔術に欺かれて殺された.　**83**
ポストゥミウス　→アルビーヌス(1)
ホメーロス　ギリシアの叙事詩人.『イーリアス』『オデュッセイア』の作者とされる.　**23**, 31, 54
ポンティウス，ティトゥス　百人隊長. 詳細不明.　**33**
ポンティウス・ヘレンニウス，ガーイウス　カウディウムの峡谷にローマ軍を破ったサムニウム人ガーイウス・ポンティウス・テレシーヌスの父.　**41**

マ　行

マエリウス，スプリウス　騎士身分の大富豪.　**56**
マクシムス，クイントゥス　→ファビウス・マクシムス・クンクタートル
マシニッサ　ヌミディアの王. はじめカルターゴーの臣，のちローマの同盟者となる.　**34**
マルケッルス，マルクス・クラウディウス　222, 215, 214, 210, 208 年の執政官. 第 2 次ポエニー戦争の名将.　**75**
ミローン　クロトーン(南イタリア)出身の剛力無双のレスラー.　**27**, **33**
メテッルス，ルーキウス・カエキリウス　251, 247 年の執政官. カルターゴーの象部隊を破る.　**30**, 61

ラ　行

ラエリウス，ガーイウス　本篇の聞き役ガーイウス・ラエリウス・サピエンスの父.(「父」として言及される)　77, 83
ラーエルテース　ホメーロス『オデュッセイア』のオデュッセウスの父.　**54**
リーウィウス・アンドロニークス，ルーキウス　最古のラテン文学作家.　**50**
リーウィウス・サリーナートル，ガーイウス　188 年の執政官.　7
リーウィウス・サリーナートル，マルクス　タレントゥムを失った人物としてキケローに誤って言及される.　**11**
リューサンドロス　5 世紀末のスパルタの将軍.　**59**, 63
リューシマコス　アリステイデ

ースの父.　21
レーグルス，マルクス・アティーリウス　267, 257 年の執政官. ローマの烈士.　**75**
レピドゥス，マルクス・アエミリウス　187, 175 年の執政官.　**61**

年　譜

本年譜にはキケローの事績およびローマ史の関連事項を簡略に示した.

キケローの著作・演説については, 事績の後に【著作】として纏めた. 作品は網羅的ではなく, また散逸したものも含まれている.

年号は全て紀元前のものである.

①②……の数字は岩波書店版「キケロー選集」での収録巻を示す.

（兼利琢也作成）

106年　1月3日, アルピーヌムでキケロー生まれる. 家は土地の保守派の名門で, 父はローマの騎士.
9月29日, ポンペイウス生まれる.

103年　弟クイントゥス生まれる(?).

100年　7月, カエサル生まれる.

91年　同盟市戦争勃発(～87年).

90年　3月17日, キケロー元服. 鳥卜官スカエウォラに紹介され, 彼の下で法律を学ぶ.

89年　キケロー, 執政官ポンペイウス・ストラボー(翌年スッラ)下に従軍.

88年　ポントス王ミトリダーテース, 小アジアのローマ人等を虐殺. スッラ, ローマに進軍後東方へ向かう.
キケロー, 戦乱のアテーナイを避けてローマに来たアカデーメイア派学頭ラーリッサのピローンに穏健な懐疑主義の哲学を学ぶ.

87年　マリウスとキンナ, ローマを占領し市民を虐殺.
キケロー, 大神祇官スカエウォラに法律を学ぶ.

86年　1月13日, マリウス没.
【著作】この頃, アラートス『パイノメナ』翻訳, クセノポーン『家政論』翻訳, 『発想論』⑥執筆(推定).

82年　スッラ, 内乱に勝利,

12月に独裁官就任．翌年にかけて追放公告による大粛清，元老院体制の回復．

81年　【著作】『クインクティウス弁護』

80年　【著作】『ロスキウス・アメリーヌス弁護』①

79年　スッラ，引退，翌年3月死去．

キケロー，体力増強と勉学のため友人等とともに東方へ遊学．アテーナイで半年間主に哲学を，アカデーメイア派学頭アスカローンのアンティオコスに学び，その後，小アジアとロドス（アポローニオスの下）で修辞学を深める．ロドスではストア派哲学者ポセイドーニオスを訪問する．

77年　キケロー，遊学から帰国，弁護活動を再開．テレンティアと結婚(?)．

76年　【著作】『喜劇役者クイントゥス・ロスキウス弁護』(?)

75年　キケロー，財務官として西シキリアを統治．

74年　第3次ミトリダーテース戦争(～63年)．

キケロー，夏にローマに帰還．

71年　【著作】『トゥッリウス弁護』

70年　執政官ポンペイウスとクラッスス，護民官権限を回復．

8月，キケロー，ウェッレース弾劾裁判に勝利，弁護のホルテンシウスを凌駕し弁論家としての名声を確立．

【著作】『クイントゥス・カエキリウスを駁する予選演説』，『ウェッレース弾劾』④⑤

69年　キケロー，造営官として3つの祝祭を主催．

【著作】『フォンテイウス弁護』，『カエキーナ弁護』(?)

68年　【著作】現存の『アッティクス宛書簡集』⑬⑭始まる(11月末)．

67年　年末，娘トゥッリア，ピーソー・フルーギーと婚約．

66年　マーニーリウス法，ポンペイウスにミトリダーテースに対する非常大権を付与．

キケロー，法務官として法廷を主催．最初の政治演説でマーニーリウス法を支持，ポンペイウスを讃美し，国民の支持獲得に努める．

【著作】『クルエンティウス弁

護』①,『ファウストゥス・スッラ弁護』,『マーニーリウス法弁護』,『マーニーリウス弁護』

65年　7月，息子マルクス生まれる.

【著作】『ガーイウス・オルキウィウス弁護』,『クイントゥス・ガッリウス弁護』,『コルネーリウス弁護』

64年　7月，キケロー，執政官選挙に勝利.

【著作】『フンダーニウス弁護』(?),『執政官立候補演説』,『選挙備忘録』(クイントゥス作)

63年　キケロー，執政官として伝統的元老院体制保持に尽力，農地法反対と弁護活動によりカエサル等民衆派の目論見を挫く.

9-12月，キケロー，執政官選挙再落選後暴動を企てたカティリーナの陰謀を阻止，12月5日，元老院の勧告に基づき共謀市民5名を処刑.「祖国の父」の称号等の栄誉を受ける．救国の英雄，元老院と国の指導者を自任，東方のポンペイウスに対等の立場から支持を求めるが黙殺される.

【著作】『農地法について』(1月),『反逆罪に問われたラビーリウス弁護』(5/6月),『ムーレーナ弁護』②(11月下旬),『カティリーナ弾劾』③(11月8,9日，12月3,5日)

62年　1月，カティリーナ敗死.

キケロー，クラッススからパラーティウム丘の邸宅を購入，疑惑を招く．ポンペイウス，秋にイタリアに戻り軍を解散，古兵の入植地と東方での処置の承認を求めるが，閥族派の頑強な反対に直面する.

12月，ボナ・デア祭のスキャンダル：クローディウス，男子禁制の祭を主催するカエサル邸に女装して侵入し発見される.

【著作】『アルキアース弁護』②(初夏),『スッラ弁護』,『縁者・友人宛書簡集』⑮⑯始まる.

61年　5月，キケロー，クローディウスの裁判で彼のアリバイを否定，以後仇敵となる.

60年　7月，カエサル，執政官選挙に勝利．ポンペイウス，カエサル，クラッススの同盟(第1回三頭政治)が成立.

キケロー，カエサルから協力を求められるが拒否，過剰な自己讃美などのため閥族派からも孤立する．

【著作】叙事詩『わが執政官職について』(3月)

59年　カエサル，閥族派の強い反対を押し切り，農地法を成立させる．ポンペイウスの東方での処置が承認される．ウァティーニウス法，カエサルにガッリアでの5年間の執政官格指揮権を授与．

キケロー，ある弁護で三頭政を批判，カエサルは当日内に報復，クローディウスの護民官就任を可能にする．キケロー，その後もカエサルとポンペイウスからの協力要請を拒否．

【著作】『フラックス弁護』②(7月)．『弟クイントゥス宛書簡集』⑯始まる．

58年　2月，護民官クローディウス，法手続きを無視した市民殺害者の追放を提案，3月成立．キケロー，ローマを離れ5月にテッサロニーケーに到着，失意の亡命生活を送る．

57年　キケロー召還の声が高まり，5月に元老院決議，7月にポンペイウス，キケロー支持の演説．8月4日，キケロー召還の法案成立．9月4日，キケロー，市民の歓呼を受けローマに到着．帰国後直ちにポンペイウスに5カ年の大権を与える法を提出．

【著作】『帰国後元老院演説』(9月5日)，『帰国後国民に向けて』(9月7日)，『わが家について』(9月29日)

56年　3月，キケロー，カエサルのカンパーニアの土地に関する法を批判して元老院に上程．カエサル，4月中旬にラウェンナでクラッススと，ルーカでポンペイウスと会談．三頭政治を更新する．

キケロー，これ以降は，カエサルとポンペイウスの要求に応じた弁護活動にのみ従事，閥族派から変節漢の非難と黙殺を受ける(52年まで)．

【著作】『セスティウス弁護』①(3月11日)，『ウァティーニウス弾劾』，『カエリウス弁護』(4月4日)，『執政官格元老院議員担当属州について』

(6月末),『占い師の返答について』(8月),『バルブス弁護』②(7/8月),叙事詩『わが時代』(年末)

55年　ポンペイウスとクラッスス第2回執政官,それぞれスペインとシリアでの5カ年の命令権を獲得,カエサルのガッリアにおける命令権を5年延長.

【著作】『ピーソー弾劾』②(7月),『弁論家について』⑦(11月完成)

54年　9月,カエサルの娘でポンペイウスの妻ユーリア死去.11月,クラッスス,シリアへ出発.

【著作】『プランキウス弁護』(8月),『ウァティーニウス弁護』(8月),『スカウルス弁護』,『ラビーリウス・ポストゥムス弁護』(10月),『国家について』⑧執筆開始(5月),『弁論術分類』⑥(推定)

53年　6月12日,クラッスス,カッライで敗死.キケロー,鳥卜官に就任.

52年　1月18日,クローディウス,ミローの率いる武装集団との衝突で殺害され,混乱が続く.8月までポンペイウスの単独執政官.

【著作】『ミロー弁護』②(4月7/8日)

51年　キケロー,総督としてキリキアへ赴任.5月にローマを発ち7月30日に到着.

【著作】『国家について』⑧刊行(春),これより前に『法律について』⑧執筆.

50年　8月,娘トゥッリア,ドラーベッラと再婚.

7月30日,キケロー,キリキアを発ちギリシア各地を経て11月にブルンディシウム,翌年1月ローマに到着,凱旋式を期待して命令権を保持したまま市外に留まる.

49年　1月12日,カエサル,ルビコーン川を越え,内乱始まる.3月,ポンペイウス,イタリアを去る.

3月28日,キケロー,フォルミアエでカエサルと会談の結果,逡巡を捨てポンペイウスにつくことを決意,6月,ポンペイウス派陣営に合流.

48年　8月9日,カエサル,パルサーロスの戦いでポンペイウス派に勝利.ポンペイウス,エジプトで殺害され

る.

10月，キケロー，イタリアに戻り，ブルンディシウムで1年間の逗留生活を送る.

47年　9月25日，カエサル，東方で戦闘指揮の後イタリアに戻り，ブルンディシウムに到着，キケローと面会し彼を許す.

キケロー，テレンティアと離婚(秋または46年初め).

46年　4月6日，カエサル，タプススで共和政派を破る．中旬，小カトー，ウティカで自殺.

カエサル，9-10月に盛大な凱旋式を挙行後スペインへ出発(12月).

12月　キケロー，プブリリアと再婚.

【著作】『ブルートゥス』(3月)，『ストア派のパラドックス』(4月)，『カトー』，『弁論家』(夏)，『最良の弁論家について』(夏)，『マルケッルスのための感謝演説』②(9月)，『リガーリウス弁護』①(12月)

45年　娘トゥッリア，2月中旬に死去．キケロー，アストゥラ，トゥスクルム等に滞在して哲学著作に専念．プブリリアと離婚.

3月17日，カエサル，ムンダで勝利しポンペイウス派掃討を完了，10月に凱旋式.

【著作】『ホルテンシウス』(3月)，『慰め』(3月)，『カトゥルス』『ルークッルス』(5月：これら2作は6月に『アカデーミカ』全4巻へ改訂しウァッローに献呈)，『善と悪の究極について』⑩(6月)，『トゥスクルム荘対談集』⑫(8月)，『神々の本性について』⑪(8月末執筆)，プラトーン『ティーマイオス』翻訳，『デーイオタルス弁護』①(10月)

44年　3月15日，カエサル暗殺.

暗殺者の無罪とカエサルの処置がともに承認されるが，国葬後ブルートゥスとカッシウスがローマを離れ，カエサル派の執政官アントーニウスが主導権を掌握，5月末に担当属州を変更，ガッリア・キサルピーナをデキムス・ブルートゥスから奪う.

キケロー，4月からローマを離れイタリア各地を移動，7月にギリシア行を決意するが，8月にシキリアで政情の変化を知ってローマに戻り，9月2日，アントーニウスの法案に反対の演説．19日のアントーニウスの激しい反論に第2『ピリッピカ』で応戦，両者は決定的な敵対関係に入る．10月，キケロー，ローマを離れ別荘で著述(12月9日まで)．

カエサルの遺産相続者オクターウィアーヌス(後のアウグストゥス)，カンパーニアで古兵を徴集，アントーニウスと衝突．

11月，オクターウィアーヌス，キケローに協力を要請，アントーニウスの2軍団を買収．アントーニウス，デキムス・ブルートゥス攻囲に着手．

12月20日，キケロー，オクターウィアーヌスとの共同によるアントーニウスとの対決を主張，デキムス・ブルートゥスの越権的な抵抗とオクターウィアーヌスの違法行為を合法化．

【著作】『大カトー・老年について』⑨(1-3月頃)，『占いについて』(3月15日以後)，『運命について』⑪(5/6月)，『栄光について』(7月)，『トピカ』(7月)，『ラエリウス・友情について』⑨(3-11月頃)，『義務について』⑨(11月)，『ピリッピカ』③(第1：9月2日，第2：10月執筆，第3・4：12月20日)

43年　キケロー，一連の演説(『ピリッピカ』)によって主戦論を展開，執政官と元老院を強力に主導する．

1月，オクターウィアーヌスに法務官格指揮権授与．

2月，アントーニウスへの使節．キケロー，講和に徹底的に反対．ブルートゥスとカッシウス，それぞれアテーナイとシリアで軍を組織，東方を共和政派が支配．

3月，キケロー，西方の総督レピドゥスとプランクスを書簡で説得．

4月14,21日，ムティナで執政官とオクターウィアーヌスの連合軍が勝利するが執政官が戦死，アントーニウスはガッリアへ逃れ軍

を再組織.

4月26日，元老院，アントーニウスに公敵宣言.

5月末，レピドゥス，アントーニウスに寝返る.

6月，オクターウィアーヌス，執政官職を要求，キケローに同僚となることを提案.

8月，オクターウィアーヌス，占領したローマで執政官に就任，カエサル暗殺者に敵対するとともにアントーニウスの受けた公敵宣言を撤回.

10月末，ボノーニアでオクターウィアーヌス，アントーニウス，レピドゥスの会談，第2回三頭政治成立. 11月27日，ティティウス法により国家再建三人委員に就任. 追放公告.

12月7日，キケロー，カイエータで殺害される.

【著作】『ピリッピカ』③(第5：1月1日～第14：4月21日)

老年《ろうねん》について　キケロー著

2004年1月16日　第1刷発行
2024年4月26日　第19刷発行

訳　者　中務哲郎《なかつかさてつお》

発行者　坂本政謙

発行所　株式会社 岩波書店
〒101-8002 東京都千代田区一ツ橋2-5-5
案内 03-5210-4000　営業部 03-5210-4111
文庫編集部 03-5210-4051
https://www.iwanami.co.jp/

印刷・精興社　製本・牧製本

ISBN 978-4-00-336112-2　　Printed in Japan

読書子に寄す

——岩波文庫発刊に際して——

岩波茂雄

真理は万人によって求められることを自ら欲し、芸術は万人によって愛されることを自ら望む。かつては民を愚昧ならしめるために学芸が最も狭き堂宇に閉鎖されたことがあった。今や知識と美とを特権階級の独占より奪い返すことはつねに進取的なる民衆の切実なる要求である。岩波文庫はこの要求に応じそれに励まされて生まれた。それは生命ある不朽の書を少数者の書斎と研究室とより解放して街頭にくまなく立たしめ民衆に伍せしめるであろう。近時大量生産予約出版の流行を見る。その広告宣伝の狂態はしばらくおくも、後代にのこすと誇称する全集がその編集に万全の用意をなしたるか。千古の典籍の翻訳企図に敬虔の態度を欠かざりしか。さらに分売を許さず読者を繋縛して数十冊を強うるがごとき、はたしてその揚言する学芸解放のゆえんなりや。吾人は天下の名士の声に和してこれを推挙するに躊躇するものである。このときにあたって、岩波書店は自己の責務のいよいよ重大なるを思い、従来の方針の徹底を期するため、すでに十数年以前より志して来た計画を慎重審議この際断然実行することにした。吾人は範をかのレクラム文庫にとり、古今東西にわたって文芸・哲学・社会科学・自然科学等種類のいかんを問わず、いやしくも万人の必読すべき真に古典的価値ある書をきわめて簡易なる形式において逐次刊行し、あらゆる人間に須要なる生活向上の資料、生活批判の原理を提供せんと欲する。この文庫は予約出版の方法を排したるがゆえに、読者は自己の欲する時に自己の欲する書物を各個に自由に選択することができる。携帯に便にして価格の低きを最主とするがゆえに、外観を顧みざるも内容に至っては厳選最も力を尽くし、従来の岩波出版物の特色をますます発揮せしめようとする。この計画たるや世間の一時の投機的なるものと異なり、永遠の事業として吾人は微力を傾倒し、あらゆる犠牲を忍んで今後永久に継続発展せしめ、もって文庫の使命を遺憾なく果たさしめることを期する。芸術を愛し知識を求むる士の自ら進んでこの挙に参加し、希望と忠言とを寄せられることは吾人の熱望するところである。その性質上経済的には最も困難多きこの事業にあえて当たらんとする吾人の志を諒として、その達成のため世の読書子とのうるわしき共同を期待する。

昭和二年七月

《哲学・教育・宗教》〔青〕

- ソクラテスの弁明・クリトン　プラトン　久保勉訳
- ゴルギアス　プラトン　加来彰俊訳
- 饗宴　プラトン　久保勉訳
- テアイテトス　プラトン　田中美知太郎訳
- パイドロス　プラトン　藤沢令夫訳
- メノン　プラトン　藤沢令夫訳
- 国家　全二冊　プラトン　藤沢令夫訳
- プロタゴラス —ソフィストたち　プラトン　藤沢令夫訳
- パイドン —魂の不死について　プラトン　岩田靖夫訳
- アナバシス —敵中横断六〇〇〇キロ　クセノポン　松平千秋訳
- アリストテレス ニコマコス倫理学　全二冊　高田三郎訳
- アリストテレス 形而上学　全二冊　出隆訳
- アリストテレス 弁論術　戸塚七郎訳
- アリストテレース 詩学・ホラーティウス 詩論　松本仁助・岡道男訳
- 物の本質について　ルクレーティウス　樋口勝彦訳
- エピクロス —教説と手紙　出隆・岩崎允胤訳
- 生の短さについて　他二篇　セネカ　大西英文訳
- 怒りについて　他二篇　セネカ　兼利琢也訳
- エピクテトス 人生談義　全二冊　國方栄二訳
- 人さまざま　テオプラストス　森進一訳
- マルクス・アウレーリウス 自省録　神谷美恵子訳
- 老年について　キケロー　中務哲郎訳
- 弁論家について　全二冊　キケロー　大西英文訳
- キケロー書簡集　高橋宏幸編
- 平和の訴え　エラスムス　箕輪三郎訳
- 方法序説　デカルト　谷川多佳子訳
- 哲学原理　デカルト　桂寿一訳
- 情念論　デカルト　谷川多佳子訳
- パンセ　全三冊　パスカル　塩川徹也訳
- スピノザ 神学・政治論　全二冊　畠中尚志訳
- 知性改善論　スピノザ　畠中尚志訳
- スピノザ エチカ（倫理学）　全二冊　畠中尚志訳
- スピノザ 国家論　畠中尚志訳
- スピノザ往復書簡集　畠中尚志訳
- デカルトの哲学原理 —附 形而上学的思想　スピノザ　畠中尚志訳
- スピノザ 神・人間及び人間の幸福に関する短論文　畠中尚志訳
- モナドロジー　他二篇　ライプニッツ　谷川多佳子・岡部英男訳
- 市民の国について　全二冊　ヒューム　小松茂夫訳
- 自然宗教をめぐる対話　ヒューム　犬塚元訳
- エミール　全三冊　ルソー　今野一雄訳
- 人間不平等起原論　ルソー　本田喜代治・平岡昇訳
- ルソー 社会契約論　桑原武夫・前川貞次郎訳
- 言語起源論 —旋律と音楽的模倣について　ルソー　増田真訳
- ディドロ 絵画について　佐々木健一訳
- 道徳形而上学原論　カント　篠田英雄訳
- 啓蒙とは何か　他四篇　カント　篠田英雄訳
- 純粋理性批判　全三冊　カント　篠田英雄訳
- カント 実践理性批判　波多野精一・宮本和吉・篠田英雄訳
- 判断力批判　全二冊　カント　篠田英雄訳
- 永遠平和のために　カント　宇都宮芳明訳

- プロレゴメナ　カント　篠田英雄訳
- 学者の使命・学者の本質　フィヒテ　宮崎洋三訳
- シュライエルマッハー 独白　木場深定訳
- ヘーゲル 政治論文集 全二冊　金子武蔵訳
- 哲学史序論 ―哲学と哲学史　ヘーゲル　武市健人訳
- 歴史哲学講義 全二冊　ヘーゲル　長谷川宏訳
- 法の哲学 ―自然法と国家学の要綱　ヘーゲル　上妻精・佐藤康邦・山田忠彰訳
- 学問論　シェリング　西川富雄・藤田正勝監訳
- 自殺について 他四篇　ショウペンハウエル　斎藤信治訳
- 読書について 他二篇　ショウペンハウエル　斎藤忍随訳
- 知性について 他四篇　ショーペンハウエル　細谷貞雄訳
- 不安の概念　キェルケゴール　斎藤信治訳
- 死に至る病　キェルケゴール　斎藤信治訳
- 体験と創作 全二冊　ディルタイ　柴田治三郎・小牧健夫訳
- 眠られぬ夜のために 全二冊　ヒルティ　草間平作・大和邦太郎訳
- 幸福論 全三冊　ヒルティ　草間平作・大和邦太郎訳
- 悲劇の誕生　ニーチェ　秋山英夫訳

- ツァラトゥストラはこう言った 全二冊　ニーチェ　氷上英廣訳
- 道徳の系譜　ニーチェ　木場深定訳
- 善悪の彼岸　ニーチェ　木場深定訳
- この人を見よ　ニーチェ　手塚富雄訳
- プラグマティズム　W・ジェイムズ　桝田啓三郎訳
- 宗教的経験の諸相 全二冊　W・ジェイムズ　桝田啓三郎訳
- 日常生活の精神病理　フロイト　高田珠樹訳
- 純粋現象学及現象学的哲学考案 全二冊　フッセル　池上鎌三訳
- デカルト的省察　フッサール　浜渦辰二訳
- 愛の断想・日々の断想　ジンメル　清水幾太郎訳
- ジンメル宗教論集　深澤英隆編訳
- 笑い　ベルクソン　林達夫訳
- 道徳と宗教の二源泉　ベルクソン　平山高次訳
- 時間と自由　ベルクソン　中村文郎訳
- ラッセル教育論　安藤貞雄訳
- ラッセル幸福論　安藤貞雄訳
- 存在と時間 全四冊　ハイデガー　熊野純彦訳

- 学校と社会　デューイ　宮原誠一訳
- 民主主義と教育 全二冊　デューイ　松野安男訳
- 我と汝・対話　マルティン・ブーバー　植田重雄訳
- アラン 幸福論　神谷幹夫訳
- アラン 定義集　神谷幹夫訳
- 天才の心理学　E・クレッチュマー　内村祐之訳
- 英語発達小史　H・ブラッドリ　寺澤芳雄訳
- 日本の弓術　オイゲン・ヘリゲル述　柴田治三郎訳
- ことばのロマンス ―英語の語源　ウィークリー　寺澤芳雄・出淵博訳
- ヴィーコ 学問の方法　上村忠男・佐々木力訳
- 国家と神話 全二冊　カッシーラー　熊野純彦訳
- 天才・悪　ブレンターノ　篠田英雄訳
- 人間の頭脳活動の本質 他一篇　ディーツゲン　小松摂郎訳
- プラトン入門　R・S・ブラック　内山勝利訳
- 反啓蒙思想 他二篇　バーリン　松本礼二編
- マキアヴェッリの独創性 他三篇　バーリン　川出良枝編
- ロシア・インテリゲンツィヤの誕生 他五篇　バーリン　桑野隆編

論理哲学論考 ウィトゲンシュタイン 野矢茂樹訳
自由と社会的抑圧 シモーヌ・ヴェイユ 冨原眞弓訳
根をもつこと 全二冊 シモーヌ・ヴェイユ 冨原眞弓訳
重力と恩寵 シモーヌ・ヴェイユ 冨原眞弓訳
全体性と無限 全二冊 レヴィナス 熊野純彦訳
啓蒙の弁証法 —哲学的断想 M・ホルクハイマー T・W・アドルノ 徳永恂訳
ヘーゲルからニーチェへ 十九世紀思想における革命的断絶 全二冊 レーヴィット 三島憲一訳
統辞構造論 付『言語理論の論理構造』序論 チョムスキー 福井直樹 辻子美保子訳
統辞理論の諸相 方法論序説 チョムスキー 福井直樹 辻子美保子訳
快楽について ロレンツォ・ヴァッラ 近藤恒一訳
古代懐疑主義入門 判断保留の十の方式 J・アナス J・バーンズ 金山弥平訳
ニーチェ みずからの時代と闘う者 ルドルフ・シュタイナー 高橋巖訳
フランス革命期の公教育論 コンドルセ他 阪上孝編訳
フレーベル自伝 長田新訳
旧約聖書 創世記 関根正雄訳
旧約聖書 出エジプト記 関根正雄訳
旧約聖書 ヨブ記 関根正雄訳

旧約聖書 詩篇 関根正雄訳
新約聖書 福音書 塚本虎二訳
文語訳 新約聖書 詩篇付
文語訳 旧約聖書 全四冊
キリストにならいて トマス・ア・ケンピス 大沢章 呉茂一訳
聖アウグスティヌス 告白 全二冊 服部英次郎訳
アウグスティヌス 神の国 全五冊 服部英次郎 藤本雄三訳
新訳 キリスト者の自由・聖書への序言 マルティン・ルター 石原謙訳
キリスト教と世界宗教 シュヴァイツェル 鈴木俊郎訳
水と原生林のはざまで シュヴァイツェル 野村実訳
コーラン 全三冊 井筒俊彦訳
エックハルト説教集 田島照久編訳
ムハンマドのことば ハディース 小杉泰編訳
新約聖書外典 ナグ・ハマディ文書抄 荒井献 大貫隆 小林稔 筒井賢治 編訳
後期資本主義における正統化の問題 ハーバーマス 山田正行・金慧訳
シンボルの哲学 —理性、祭礼、芸術のシンボル試論 S・K・ランガー 塚本明子訳

ジャック・ラカン 精神分析の四基本概念 全二冊 ジャック＝アラン・ミレール編 小出浩之 新宮一成 鈴木國文 小川豊昭 訳
精神と自然 生きた世界の認識論 グレゴリー・ベイトソン 佐藤良明訳
人間の知的能力に関する試論 全二冊 トマス・リード 戸田剛文訳
開かれた社会とその敵 全四冊 カール・ポパー 小河原誠訳

《東洋文学》〔赤〕

楚辞　小南一郎訳注
杜甫詩選　黒川洋一編
李白詩選　松浦友久編訳
唐詩選 全三冊　前野直彬注解
完訳 三国志 全八冊　小川環樹・金田純一郎訳
西遊記 全十冊　中野美代子訳
菜根譚　洪自誠・今井宇三郎訳注
阿Q正伝・狂人日記（吶喊）他十二篇　魯迅・竹内好訳
魯迅評論集　竹内好編訳
歴史小品　郭沫若・平岡武夫訳
家 全二冊　巴金・飯塚朗訳
新編 中国名詩選 全三冊　川合康三編訳
唐宋伝奇集 全二冊　今村与志雄訳
聊斎志異 全二冊　蒲松齢・立間祥介編訳
李商隠詩選　川合康三選訳
白楽天詩選 全二冊　川合康三訳注
文選 全六冊　川合康三・富永一登・釜谷武志・和田英信・浅見洋二・緑川英樹訳注
曹操・曹丕・曹植詩文選　川合康三編訳
ケサル王物語 ―チベットの英雄叙事詩　アレクサンドラ・ダヴィッド＝ネール・アプル・ユンテン・富樫瓔子訳
バガヴァッド・ギーター　上村勝彦訳
ダライ・ラマ六世恋愛詩集　今枝由郎・海老原志穂編訳
朝鮮童謡選　金素雲訳編
朝鮮短篇小説選 全二冊　大村益夫・長璋吉・三枝壽勝編訳
尹東柱詩集 空と風と星と詩　金時鐘編訳
アイヌ神謡集　知里幸惠編訳
アイヌ民譚集 付 えぞおばけ列伝　知里真志保編訳
アイヌ叙事詩 ユーカラ　金田一京助採集並ニ訳

《ギリシア・ラテン文学》〔赤〕

ホメロス イリアス 全二冊　松平千秋訳
ホメロス オデュッセイア 全二冊　松平千秋訳
イソップ寓話集　中務哲郎訳
アイスキュロス アガメムノーン　久保正彰訳
アイスキュロス 縛られたプロメーテウス　呉茂一訳
ソポクレス アンティゴネー　中務哲郎訳
ソポクレス オイディプス王　藤沢令夫訳
ソポクレス コロノスのオイディプス　高津春繁訳
バッカイ ―バッコスに憑かれた女たち　エウリーピデース・逸身喜一郎訳
ヘシオドス 神統記　廣川洋一訳
女の議会　アリストパネース・村川堅太郎訳
アポロドーロス ギリシア神話　高津春繁訳
ダフニスとクロエー　ロンゴス・松平千秋訳
ギリシア・ローマ抒情詩選 ―花冠　呉茂一訳
オウィディウス 変身物語 全二冊　中村善也訳
ギリシア・ローマ神話 付 インド・北欧神話　ブルフィンチ・野上弥生子訳
ギリシア・ローマ名言集　柳沼重剛編

《南北ヨーロッパ他文学》〔赤〕

- ダンテ 新生 山川丙三郎訳
- 夢のなかの夢 タブッキ 和田忠彦訳
- カヴァレリーア・ルスティカーナ 他十一篇 G・ヴェルガ 河島英昭訳
- カルヴィーノ イタリア民話集 全二冊 河島英昭編訳
- むずかしい愛 カルヴィーノ 和田忠彦訳
- パロマー カルヴィーノ 和田忠彦訳
- カルヴィーノ アメリカ講義 ―新たな千年紀のための六つのメモ 米川良夫 和田忠彦訳
- まっぷたつの子爵 カルヴィーノ 河島英昭訳
- 魔法の庭・空を見上げる部族 他十四篇 カルヴィーノ 和田忠彦訳
- ペトラルカ ルネサンス書簡集 近藤恒一編訳
- ペトラルカ 無知について 近藤恒一訳
- 美しい夏 パヴェーゼ 河島英昭訳
- 流刑 パヴェーゼ 河島英昭訳
- 祭の夜 パヴェーゼ 河島英昭訳
- 月と篝火 パヴェーゼ 河島英昭訳
- ウンベルト・エーコ 小説の森散策 和田忠彦訳

- バウドリーノ 全二冊 ウンベルト・エーコ 堤康徳訳
- タタール人の砂漠 ブッツァーティ 脇功訳
- ラサリーリョ・デ・トルメスの生涯 会田由訳
- ドン・キホーテ 前篇 全三冊 セルバンテス 牛島信明訳
- ドン・キホーテ 後篇 全三冊 セルバンテス 牛島信明訳
- 娘たちの空返事 他一篇 モラティン 佐竹謙一訳
- プラテーロとわたし J・R・ヒメーネス 長南実訳
- オルメードの騎士 ロペ・デ・ベガ 長南実訳
- セビーリャの色事師と石の招客 他一篇 ティルソ・デ・モリーナ 佐竹謙一訳
- ティラン・ロ・ブラン 全四冊 J・マルトゥレイ M・J・ダ・ガルバ 田澤耕訳
- ダイヤモンド広場 マルセー・ルドゥレダ 田澤耕訳
- 完訳 アンデルセン童話集 全七冊 大畑末吉訳
- 即興詩人 全二冊 アンデルセン 大畑末吉訳
- アンデルセン自伝 大畑末吉訳
- ここに薔薇ありせば 他五篇 ヤコブセン 矢崎源九郎訳
- フィンランド叙事詩 カレワラ 全二冊 リョンロット編 小泉保訳
- 王の没落 イェンセン 長島要一訳

- イプセン 人形の家 原千代海訳
- イプセン 野鴨 原千代海訳
- 令嬢ユリエ ストリントベルク 茅野蕭々訳
- アミエルの日記 全四冊 河野与一訳
- クオ・ワディス 全三冊 シェンキェーヴィチ 木村彰一訳
- 山椒魚戦争 カレル・チャペック 栗栖継訳
- ロボット(R・U・R) チャペック 千野栄一訳
- 白い病 カレル・チャペック 阿部賢一訳
- マクロプロスの処方箋 カレル・チャペック 阿部賢一訳
- 灰とダイヤモンド 全二冊 アンジェイエフスキ 川上洸訳
- 牛乳屋テヴィエ ショレム・アレイヘム 西成彦訳
- 完訳 千一夜物語 全十三冊 豊島与志雄 渡辺一夫 佐藤正彰 岡部正孝訳
- ルバイヤート オマル・ハイヤーム 小川亮作訳
- ゴレスターン サァディー 沢英三訳
- 王書 古代ペルシャの神話・伝説 フェルドウスィー 岡田恵美子訳
- 中世騎士物語 ブルフィンチ 野上弥生子訳
- コルタサル短篇集 悪魔の涎・追い求める男 他八篇 木村榮一訳

遊戯の終わり	コルタサル 木村榮一訳
秘密の武器	コルタサル 木村榮一訳
ペドロ・パラモ	ファン・ルルフォ 杉山晃 増田義郎訳
燃える平原	ファン・ルルフォ 杉山晃訳
伝奇集	J・L・ボルヘス 鼓直訳
創造者	J・L・ボルヘス 鼓直訳
続審問	J・L・ボルヘス 中村健二訳
七つの夜	J・L・ボルヘス 野谷文昭訳
詩という仕事について	J・L・ボルヘス 鼓直訳
汚辱の世界史	J・L・ボルヘス 中村健二訳
ブロディーの報告書	J・L・ボルヘス 鼓直訳
アレフ	J・L・ボルヘス 鼓直訳
語るボルヘス —書物・不死性・時間ほか	J・L・ボルヘス 木村榮一訳
20世紀ラテンアメリカ短篇選	野谷文昭編訳
フエンテス短篇集 アウラ・純な魂 他四篇	木村榮一訳
アルテミオ・クルスの死	フエンテス 木村榮一訳
緑の家 全二冊	バルガス=リョサ 木村榮一訳

密林の語り部	バルガス=リョサ 西村英一郎訳
ラ・カテドラルでの対話	バルガス=リョサ 旦敬介訳
弓と竪琴	オクタビオ・パス 牛島信明訳
ラテンアメリカ民話集	三原幸久編訳
やし酒飲み	エイモス・チュツオーラ 土屋哲訳
薬草まじない	エイモス・チュツオーラ 土屋哲訳
マイケル・K	J・M・クッツェー くぼたのぞみ訳
ミゲル・ストリート	V・S・ナイポール 小野正嗣 小沢自然訳
キリストはエボリで止まった	カルロ・レーヴィ 竹山博英訳
クァジーモド全詩集	河島英昭訳
ウンガレッティ全詩集	河島英昭訳
クオーレ	デ・アミーチス 和田忠彦訳
ゼーノの意識 全二冊	ズヴェーヴォ 堤康徳訳
冗談	ミラン・クンデラ 西永良成訳
小説の技法	ミラン・クンデラ 西永良成訳
世界イディッシュ短篇選	西成彦編訳
シェフチェンコ詩集	藤井悦子編訳

《ロシア文学》〔赤〕

- オネーギン　プーシキン　池田健太郎訳
- スペードの女王・ベールキン物語　プーシキン　神西清訳
- 狂人日記　他二篇　ゴーゴリ　横田瑞穂訳
- 外套・鼻　ゴーゴリ　平井肇訳
- 日本渡航記 —フレガート「パルラダ」号より　ゴンチャロフ　井上満訳
- 貧しき人々　ドストイェフスキイ　原久一郎訳
- 二重人格　ドストエフスキー　小沼文彦訳
- 罪と罰　全三冊　ドストエフスキー　江川卓訳
- 白痴　全二冊　ドストエーフスキイ　米川正夫訳
- カラマーゾフの兄弟　全四冊　ドストエーフスキイ　米川正夫訳
- 幼年時代　トルストーイ　藤沼貴訳
- 戦争と平和　全六冊　トルストイ　藤沼貴訳
- トルストイ民話集 人はなんで生きるか　他四篇　中村白葉訳
- トルストイ民話集 イワンのばか　他八篇　中村白葉訳
- イワン・イリッチの死　トルストイ　米川正夫訳
- 復活　全二冊　トルストイ　藤沼貴訳
- 人生論　トルストイ　中村融訳
- かもめ　チェーホフ　浦雅春訳
- ワーニャおじさん　チェーホフ　小野理子訳
- 桜の園　チェーホフ　小野理子訳
- チェーホフ 妻への手紙　全二冊　湯浅芳子訳
- ゴーリキー短篇集　上田進・横田瑞穂訳編
- どん底　ゴーリキイ　中村白葉訳
- ソルジェニーツィン短篇集　木村浩編訳
- アファナーシエフ ロシア民話集　全二冊　中村喜和編訳
- われら　ザミャーチン　川端香男里訳
- プラトーノフ作品集　原卓也訳
- 悪魔物語・運命の卵　ブルガーコフ　水野忠夫訳
- 巨匠とマルガリータ　全二冊　ブルガーコフ　水野忠夫訳

《歴史・地理》〔青〕

新訂 魏志倭人伝・後漢書倭伝・宋書倭国伝・隋書倭国伝 —中国正史日本伝1　石原道博編訳
新訂 旧唐書倭国日本伝・宋史日本伝・元史日本伝 —中国正史日本伝2　石原道博編訳
ヘロドトス 歴史 全三冊　松平千秋訳
トゥーキュディデース 戦史 全三冊　久保正彰訳
ガリア戦記　カエサル 近山金次訳
ランケ 世界史概観 —近世史の諸時代　鈴木成高・相原信作訳
ランケ自伝　林健太郎訳
歴史とは何ぞや　ベルンハイム 坂口昂・小野鉄二訳
歴史における個人の役割　プレハーノフ 木原正雄訳
古代への情熱 —シュリーマン自伝　シュリーマン 村田数之亮訳
アーネスト・サトウ 一外交官の見た明治維新 全二冊　坂田精一訳
ベルツの日記 全二冊　トク・ベルツ編 菅沼竜太郎訳
武家の女性　山川菊栄
インディアスの破壊についての簡潔な報告　ラス・カサス 染田秀藤訳
ラス・カサス インディアス史 全七冊　長南実訳 石原保徳編
コロンブス 全航海の報告　林屋永吉訳

戊辰物語　東京日日新聞社会部編
大森貝塚 —付 関連史料　E・S・モース 近藤義郎・佐原真編訳
ナポレオン言行録　オクターヴ・オブリ編 大塚幸男訳
中世的世界の形成　石母田正
日本の古代国家　石母田正
平家物語 他六篇　石母田正 高橋昌明編
クリオの顔 歴史随想集　E・H・ノーマン 大窪愿二編訳
日本における近代国家の成立　E・H・ノーマン 大窪愿二訳
旧事諮問録 —江戸幕府役人の証言 全二冊　旧事諮問会編 進士慶幹校注
朝鮮・琉球航海記 —一八一六年アマースト使節団とともに　ベイジル・ホール 春名徹訳
アリランの歌 —ある朝鮮人革命家の生涯　ニム・ウェールズ キム・サン 松平いを子訳
さまよえる湖 全二冊　ヘディン 福田宏年訳
老松堂日本行録 —朝鮮使節の見た中世日本　宋希環 村井章介校注
十八世紀パリ生活誌 —タブロー・ド・パリ 全二冊　メルシエ 原宏編訳
北槎聞略 —大黒屋光太夫ロシア漂流記　桂川甫周 亀井高孝校訂
ヨーロッパ文化と日本文化　ルイス・フロイス 岡田章雄訳注
ギリシア案内記 全二冊　パウサニアス 馬場恵二訳

西遊草　清河八郎 小山松勝一郎校注
オデュッセウスの世界　フィンリー 下田立行訳
東京に暮す —一九二八〜一九三六　キャサリン・サンソム 大久保美春訳
ミカド —日本の内なる力　W・E・グリフィス 亀井俊介訳
増補 幕末百話　篠田鉱造
幕末明治 女百話 全二冊　篠田鉱造
トゥバ紀行　メンヒェン＝ヘルフェン 田中克彦訳
徳川時代の宗教　R・N・ベラー 池田昭訳
ある出稼石工の回想　マルタン・ナド 喜安朗訳
植物巡礼 —プラント・ハンターの回想　F・キングドン-ウォード 塚谷裕一訳
モンゴルの歴史と文化　ハイシッヒ 田中克彦訳
ダンピア 最新世界周航記 全二冊　平野敬一訳
ローマ建国史 全三冊（既刊上巻）　リーウィウス 鈴木一州訳
元治夢物語 —幕末同時代史　馬場文英 徳田武校注
フランス・プロテスタントの反乱 —カミザール戦争の記録　カヴァリエ 二宮フサ訳
ニコライの日記 —ロシア人宣教師が生きた明治日本 全三冊　中村健之介編訳
徳川制度 全三冊・補遺　加藤貴校注

岩波文庫の最新刊

ゲルツェン著／長縄光男訳
ロシアの革命思想
—その歴史的展開—

ロシア初の政治的亡命者、ゲルツェン(一八一二—一八七〇)。人間の尊厳と言論の自由を守る革命思想を文化史とともにたどり、農奴制と専制の非人間性を告発する書。
〔青N六一〇—一〕 定価一〇七八円

ラス・カサス著／染田秀藤訳
インディアスの破壊をめぐる賠償義務論
—十二の疑問に答える—

新大陸で略奪行為を働いたすべてのスペイン人を糾弾し、先住民に対する賠償義務を数多の神学・法学理論に拠り説き明かし、その履行をつよく訴える。最晩年の論策。
〔青四二七—九〕 定価一一五五円

岩田文昭編
嘉村礒多集

嘉村礒多(一八九七—一九三三)は山口県仁保生れの作家。小説、随想、書簡から選んだ。己の業苦の生を文学に刻んだ、苦しむ者の光源となる同朋の全貌。
〔緑七四—二〕 定価一〇〇一円

網野善彦著
日本中世の非農業民と天皇(下)

海民、鵜飼、桂女、鋳物師ら、山野河海に生きた中世の「職人」と天皇の結びつきから日本社会の特質を問う、著者の代表的著作。
(全二冊、解説＝高橋典幸) 〔青N四〇二—三〕 定価一四三〇円

ヘルダー著／嶋田洋一郎訳
人類歴史哲学考(三)

第二部第十巻—第三部第十三巻を収録。人間史の起源を考察し、風土に基づいてアジア、中東、ギリシアの文化や国家などを論じる。
(全五冊) 〔青N六〇八—三〕 定価一二七六円

……今月の重版再開……

池上洵一編
今昔物語集 天竺・震旦部
〔黄一九—一〕 定価一四三〇円

清水三男著／大山喬平・馬田綾子校注
日本中世の村落
〔青四七〇—一〕 定価一三五三円

定価は消費税10％込です　　2024. 3